COMO ENCONTREI LAMA MARCO POLO NA ITÁLIA

COMO ENCONTREI LAMA MARCO POLO NA ITÁLIA

de Nani

São Paulo
2018

© Ana Maria Sampaio Barros, 2018
1ª Edição, Editora Gaia, São Paulo 2018

   Jefferson L. Alves – diretor editorial
   Richard A. Alves – diretor-geral
   Flávio Samuel – gerente de produção
   Flavia Baggio – coordenadora editorial
   Vania Zeballos – edição de texto
   Ana Maria Barbosa – preparação de texto
   Alice Camargo – revisão
   Renata Zincone – capa e projeto gráfico
   Bebel Franco – contracapa caligrafia Tibetana (desenhada à mão)

Obra atualizada conforme o
NOVO ACORDO ORTOGRÁFICO DA LÍNGUA PORTUGUESA.

Dados Internacionais de Catalogação na Publicação (CIP)
(Câmara Brasileira do Livro, SP, Brasil)

Barros, Nani
   Como encontrei Lama Marco Polo na Itália / de Nani. – São Paulo : Gaia, 2018.

   ISBN 978-85-7555-480-7

   1. Artes plásticas 2. Autoconhecimento 3. Espiritualidade 4. Relatos 5. Viagens – Narrativas pessoais 6. Vida espiritual – Budismo I. Título.

18-16861   CDD-910.4

Índices para catálogo sistemático:
1. Viagens : Narrativa pessoais   910.4

Maria Alice Ferreira – Bibliotecária – CRB-8/7964

Direitos Reservados

editora gaia ltda.
(pertence ao grupo Global Editora e Distribuidora Ltda.)
Rua Pirapitingui, 111 – Liberdade
CEP 01508-020 – São Paulo – SP
Tel.: (11) 3277-7999 – Fax: (11) 3277-8141
e-mail: gaia@editoragaia.com.br
www.editoragaia.com.br

Colabore com a produção científica e cultural.
Proibida a reprodução total ou parcial desta obra
sem a autorização do editor.

Nº de Catálogo: **4385**

AGRADECIMENTOS

A Lama Gangchen Rinpoche, Lama Michel Rinpoche, Lama Caroline, Monge Daniel Calmanovitz, Leonardo Duccio Ceglie, Bebel Franco, Ricardo Baddouh, Isthar D.-Adler, Vania Zeballos e Bel Cesar.

A André Matarazzo Neto e nossos filhos. Em memória do avô Conde Francisco Matarazzo Neto, que trouxe para a minha vida a obra *Adorazione dei magi*, motivo para o meu encontro com Lama Marco Polo.

A Pirata Homes, Rute Cardoso e Sylvia Motta.

Em memória de Padre Miguel Pedroso e minha mãe, Ana Maria Dantas Sampaio Barros.

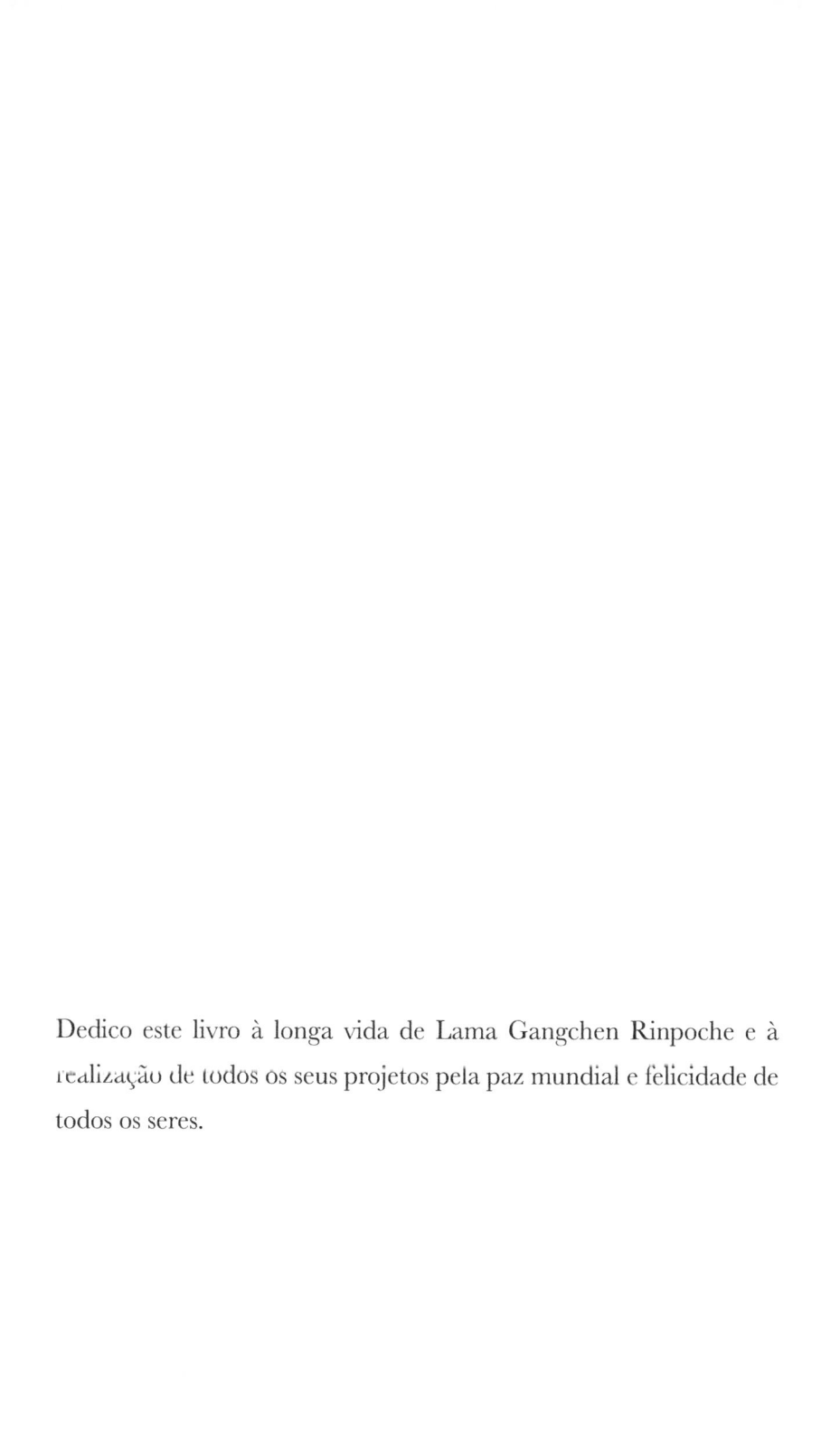

Dedico este livro à longa vida de Lama Gangchen Rinpoche e à realização de todos os seus projetos pela paz mundial e felicidade de todos os seres.

SUMÁRIO

Prefácio – T.Y.S. Lama Gangchen 12
O sonho 15
A primeira vez que vi *Adorazione dei magi* 21
Sete anos depois 23
Supernova 1987A 29
Invocação 33
Uma volta ao passado 35
Bella Nani e Veronese 39
Uma composição harmoniosa 43
Estou aqui 47
Peças de um quebra-cabeça 51
Identidade 55
Viajar é preciso 59
Bagni di Lucca 65
O teatro 69
O Buddha dourado 73
Puja de fogo 79
As termas 83

A efígie 87
Lama Marco Polo 91
Lucca 95
   A lenda 100
Um novo céu 105
O Centro de Dharma da Paz 109
O pintor de Lama Gangchen 115
Na estupa de Borobudur 121
Hoje mesmo! 125
Veneza 129
O Protetor do *Dharma* 135
A Mandala de Namgyälma 139
Glossário 143
Índice das imagens 149
Obras citadas 155

PREFÁCIO

Conheci Nani Barros muitos anos atrás. Primeiro nos tornamos amigos, depois amigos mais próximos e, finalmente, Guru e discípula.

Nani tem vindo com frequência à Itália; para Milão, Bagni di Lucca, bem como para Albagnano, onde ela participa de muitos cursos e retiros. Interessa-se, em particular, pelo curso de pintura de *thangka*, ministrado por Leonardo Duccio Ceglie, nosso pintor residente.

Numa viagem a Veneza, Nani encontrou uma estátua especial, que a fez compreender a conexão entre Lama Marco Polo Oriental e Marco Polo Ocidental. O explorador Marco Polo trouxe muito da vida oriental para o Ocidente, por exemplo o espaguete, muito popular na Itália, e diversas especiarias.

Carinhosamente conhecido como Lama Marco Polo, eu trouxe a cultura budista para o Ocidente, ao promover um intercâmbio cultural para melhorar o entendimento global entre diferentes crenças.

Agora mesmo, no século XXI em que vivemos, o governo italiano reconhece o Budismo como uma religião oficial. Com isso, o Budismo tornou-se relevante não só pela espiritualidade, mas também por suas tradicionais formas de arte, vários tipos de yoga, sistemas médicos e métodos de cura. Uma importante tradição foi aberta ao interesse de diferentes públicos.

Nani escreveu este livro sentindo sua conexão com o Lama Oriental e o Marco Polo Ocidental, portanto, espero que a leitura possa ajudar outras pessoas. Eu desejo para ela que se torne cada vez mais alegre e tenha uma vida ainda mais significativa, beneficiando os outros!

Muitos autores estão escrevendo livros semelhantes, e eu espero que este ajude outras pessoas a desenvolverem suas próprias qualidades internas e compreenderem a energia contínua de vida em vida, assim como o cientista interior, Buddha Shakyamuni.

"Paz Interior é a base mais sólida para a Paz Mundial."

T.Y.S. Lama Gangchen – World Healer
Seu amigo

Gangchen Labrang
Albagnano Healing Meditation Centre, 13 de setembro de 2016
12º dia do sétimo mês do Calendário Tibetano

Tashi Delek and Much Love

A moldura dourada, c. 1555. Moldura de *Adorazione dei Magi*, de Paolo Veronese, madeira e gesso folheado a ouro, 176 x 222 cm. Foto de Gabriel Matarazzo.

O SONHO

Tudo começou em 1987. Estava eu, Nani, com uma exposição de meus quadros marcada para aquele dia, 17 de dezembro, no Escritório de Arte Paulo Ayres, em São Paulo. Tudo estava pronto na galeria. Alguma coisa, porém, me fez acordar às quatro horas da manhã e ir, como se alguém me guiasse, até a lavanderia de minha casa, onde se encontrava uma moldura vazia.

Naquela mesma noite tive um sonho, no qual um artista me dizia que eu iria fazer uma grande obra para a exposição. Pensei que seria impossível, não daria mais tempo. Mas o sonho, tão real, me deixou intrigada. Acredito que foi o que me fez despertar.

Saí do quarto, atravessei as salas na penumbra e, ao chegar à lavanderia, vi Eurídice. Que susto! Eurídice bebia. Muito. Talvez por isso estivesse por ali. Também se assustou. Quando me aproximei e olhei fundo nos olhos dela, vi que não negavam bondade. Eurídice tinha sido empregada de minha avó paterna e na época trabalhava em minha casa. Em qualquer circunstância, eram evidentes seu carinho e a disposição para nos ajudar. E foi o que aconteceu.

Sem grandes explicações, eu disse que precisava criar algo rapidamente e tinha que ser na moldura vazia – era só o que me sugeria uma grande obra. Mas o que fazer se, alguns anos antes, eu havia mudado meu ateliê para a rua Oscar Freire, onde deixei todo o meu material de trabalho? Num ímpeto, resolvi preenchê-la com dois tecidos, uma saia e uma calça, todos pintados por mim. Era o que eu tinha à mão, e a moldura estava lá, à toa, encostada na parede. E como era pesada! Eurídice se dispôs a segurá-la, ajudando-me enquanto eu martelava as peças por trás do caixilho, amarrava e costurava umas às outras. Tentei de várias maneiras juntar todos os tecidos, mas não consegui. Tive receio de que um deles rasgasse, por ser de seda. Bem próximo ao centro ficou um vazio. De início aquilo me preocupou, pois era evidente, pelo menos para mim, que se tratava de uma instalação mal calculada, feita de improviso. Depois pensei: "Até que o espaço vazio ficou interessante". Num último gesto, coloquei uma rosa vermelha no bolso da saia.

Pensei e repensei. Será que pretendia incluir na exposição os tecidos e roupas que pintava? Não, não era isso. A moldura tinha mais de quatro séculos e estava adormecida na lavanderia, perdendo a sua força. De certa forma, eu a trouxe de volta à vida.

Na parte inferior da moldura há uma plaqueta onde estão gravados *Adorazione dei magi* e *Paolo Veronese*. A emoção de estar diante da moldura da obra de um grande pintor do Renascimento italiano foi tal que me esforcei ao máximo para dar o melhor de mim, correspondendo às palavras do artista do sonho – que bem poderia ser o próprio Veronese, pedindo-me que desse vida à moldura. Sem a menor pretensão, a ideia me fez bem. Dar vida à moldura era uma maneira de entrar em contato com ele, revivê-lo ou, de algum modo, até encontrá-lo. Desde pequenina ouço a minha intuição. Colocar uma rosa vermelha no bolso da saia foi, sem dúvida, uma homenagem ao mestre. Mas vou além. Foi também uma forma de exorcisar qualquer negatividade que ali habitasse. Um ato de cura.

Afastei-me para observar o quadro. Respirei fundo e me concentrei no espaço que ficou entre os tecidos, como costumava fazer na yoga ou em minhas primeiras meditações. Pouco depois, deixei-me levar pelo vazio. Senti o tempo parar, dando lugar aos meus sentidos mais sutis, a sentimentos profundos que até então desconhecia. Percebi que o vazio do quadro era um portal, cuja força, tão poderosa, me atraía para penetrá-lo. Minha mente, livre de pensamentos rotineiros, transportou-me para outros universos.

Como uma serpente, atravessei o espaço ondulando para um lado e para outro. Uma certeza se manifestou: há em mim algo que jamais será destruído, um universo eterno, sem fim. Minha ligação com o todo, por um cordão umbilical elástico e enorme, chegava até algo que não sei descrever em palavras.

Confesso que, no princípio, a sensação de estar presa a um cordão não foi agradável. Mas o grande cordão também trazia uma espécie de alívio, a certeza de pertencer a algo, levando-me a crer que eu não estava desamparada, que minha existência, num nível mais sutil, estava ligada a um centro maior – uma mansão sagrada, uma grande mandala.

Quando vi a moldura vazia e, num ímpeto, resolvi preenchê-la com o meu trabalho, não tinha consciência do que viria a seguir. Estar viva, dar espaço à criação, esvaziar a mente de distrações mundanas, deixar vir o novo... Assim é concebível penetrar no objeto, e o que parece impossível torna-se possível. De alguma forma entrei em contato com Paolo Caliari, il Veronese, e o portal criou em mim a primeira semente de uma longa jornada espiritual através da arte.

Anos depois, percebi que o vão de minha instalação coincidia exatamente com o local onde está pintado um arco com nuvens no quadro *Adorazione dei magi*, no qual as imagens em primeiro plano são bem reais e o arco com nuvens nos remete a um espaço infinito, como um sonho.

Instalaçao na moldura, 1987.
Técnica mista, roupas e tecidos de seda e algodão pintados à mão,
147 x 191 cm, de Nani.

O cavalo e o cocheiro, detalhe de *Adorazione dei Magi*, c. 1555.
Óleo sobre tela, 147 x 191 cm, Paolo Veronese.

A PRIMEIRA VEZ QUE VI *ADORAZIONE DEI MAGI*

Lembro-me, como se fosse hoje, da forte emoção que senti ao ver o quadro *Adorazione dei magi* na casa de Francisco, pai de André, com quem estava casada. Senti um impacto, uma empatia instantânea, uma forte ligação com as imagens retratadas, a sensação de fazer parte delas, como se já as tivesse visto. Fiquei encantada!

O cavalo e o cocheiro que o segura pelas rédeas foram, de início, o que mais chamou minha atenção. Seus movimentos me impressionaram, seduziram-me a chegar mais perto para contemplar a pintura. A intimidade que senti com os detalhes, as formas, as cores, com cada movimento, me fascinou, fez brotar em mim uma sensação de alegria e felicidade. O primeiro *imprint* de uma experiência única fora registrado em minha mente e coração. E lá o quadro ficou guardado até que um dia, um ou dois anos depois, com a morte de Francisco, um caminhão de transporte estacionou em frente à minha casa. Para minha surpresa, trazia *Adorazione dei magi* para ser guardada por nós.

Lembrei-me das palavras de Francisco: "Você gosta tanto desse quadro que um dia ele será seu!".

A boneca, 2012. Foto e pintura digital, 90 x 70 cm, de Nani.

SETE ANOS DEPOIS

A instalação na moldura dourada permaneceu na sala de jantar de minha casa até 1994. Naquele ano eu estava feliz, fazendo muito sucesso, vendendo os quadros que pintava, enfim, em plena ascensão como artista plástica. Tudo parecia perfeito no dia a dia. Porém, cada vez que olhava para a instalação, sentia-me atraída pelo espaço vazio. A impressão era a de um caminho sem volta, que me lançava em duas vidas paralelas: a vida palpável, real; e a do portal, o vazio inerente à obra, com seu tempo indefinido.

Não sentir a sequência habitual do tempo também acontece nos momentos de grande concentração, como quando estou pintando, absorta nas pinceladas. É como se o tempo estivesse dentro de mim, de tal maneira escondido que chego a perdê-lo. Olho no relógio, achando que se passaram horas, quando na verdade foram apenas segundos. Nesses breves instantes a alma viaja e fico com a sensação de eternidade.

Acontece que essa sensação, tal qual a sintonia de uma estação de rádio, começara a fazer parte do meu cotidiano, e não mais somente enquanto eu criava, pintava, realizava algum trabalho. Cheguei a pensar que estava dando asas demais à imaginação. Ou que iria enlouquecer com essa vida paralela. Até então, desconhecia essa dimensão da mente e estava difícil me desvencilhar da existência no vazio. Como viver em dois tempos? Foi quando pintei a tela *Transformação*, na qual desenhei um ser que, para mim, não é feminino nem masculino. Criei uma abertura em sua cabeça para dar espaço a movimentos de luz. Outra tela da mesma fase, *Máscara branca*, foi inspirada em uma máscara veneziana – uma alusão a Paolo Veronese.

De nada adiantou. Algo precisava ser mudado. Resolvi, então, pôr em foco o trabalho, o dinheiro, o sucessso... e esquecer o mestre e o vazio. Para começar, iria desfazer a instalação. Já fizera o que o mestre havia pedido em sonho e talvez ele quisesse novamente sua tela na moldura. Não foi fácil, pois ambas são bem pesadas. Mas uma força se apoderou de mim e, num sopro, consegui desmontar tudo e colocar *Adorazione dei magi* de volta em seu lugar. Que alívio! A obra de volta ao que lhe pertence!

Decidi que nada mais atrapalharia meu possível êxito financeiro e fama. Eu já havia sido bem-sucedida como modelo por muitos anos, e até surgiram oportunidades para ser reconhecida internacionalmente. Tinha algo a resgatar. Quando me vi livre, leve, só alegria, nenhuma dificuldade, surgiram os clichês: corra atrás do sucesso, seja feliz, seus sonhos vão se realizar, sorriso no rosto, otimismo contagiante, esqueça as nuvens escuras, tudo é possível, corra atrás de seus sonhos... Ah, o modismo superficial! Mas eu estava nessa *vibe*.

Tal foi minha surpresa quando, embaixo da porta da entrada de meu ateliê, encontrei um envelope pardo com uma única inscrição: "Nani". Dentro dele só havia o xerox da página de um livro. O remetente? Um mistério. No texto, as seguintes palavras grifadas:

Tomar-vos-ei a mão e mostrar-vos-ei o meu castelo. Mostrar-vos-ei as obras de arte criadas por chelas não ascensos e ascensos. Percorreremos muitas salas, e finalmente levar-vos-ei a uma sala onde há uma moldura pendurada. Em alguns casos será uma moldura sem nada, em outros haverá uma tela. É a vossa moldura, a moldura da vossa identidade, que espera ver-vos manifestar o gênio da vossa alma. Se ao olhardes para essa moldura e ela estiver vazia, querereis juntar-lhe [uma tela]. Assim, levar-vos-ei ao lugar [chamado] O Atelier, onde podereis trabalhar com outros artesãos que aprendem a arte do amor vivo pela disciplina da mão e pela disciplina da expressão, para que possais desenhar a imagem da vossa própria perfeição crística. Após vários meses de purificação, e quando for o melhor que tendes para oferecer, será colocada na vossa moldura.

Fiquei assustada! "Quem teria descrito com tanta precisão algo que fiz há exatamente sete anos? Quem deixou aqui este envelpe logo depois de eu ter recolocado *Adorazione dei magi* em sua moldura?", pensei.

Em menos de uma semana recebi o telefonema de minha amiga Sylvia, que explicou ter lido aquele texto em um livro de uma pessoa ligada à Summit Lighthouse do Brasil. Quando disse que o autor era o mestre ascenso Paulo Veneziano, que em sua última encarnação antes de ascender foi o pintor renascentista Paolo Veronese, não acreditei. Como boa investigadora – eu adorava ler Sherlock Holmes desde os dezesseis anos, quando estudei numa escola de arte nos arredores de Londres –, quis ir a fundo e seguir as pistas que me levassem ao texto.

Após meses de busca, Viviane, uma mensageira ligada à Fraternidade dos Guardiães da Chama, entregou em minhas mãos o livro *Senhores dos sete raios 1 – vidas passadas*, da coleção Espelho da Consciência, de Mark L. Prophet e Elizabeth Clare Prophet, que transmitiam mensagens de mestres ascensos. Mark L. Prophet fundou a Summit Lighthouse, cuja matriz é em Montana, nos Estados Unidos. Na contracapa:

> *Em determinado ponto do vosso despertar espiritual, sob a orientação de um ou mais dos senhores dos sete raios, poderão ser-vos reveladas as vossas encarnações do passado.*

Conversamos longamente e ela me disse para ler o texto "O senhor do terceiro raio, Paulo Veneziano – dom do discernimento dos espíritos". Lá estava o texto que chegara ao meu ateliê e o detalhe de um autorretrato de Veronese. Então tudo fez sentido. Perturbada com tal constatação, não pude aquietar a mente. Li e reli aquelas palavras inúmeras vezes. Pensei, repensei e não faltaram questionamentos. Por que *eu* teria algo a ver com aquilo? Qualquer um pode encontrar uma moldura vazia e preenchê-la com seu trabalho. Entretanto, quem mais teria uma moldura vazia do século XVI em toda a América do Sul com uma plaqueta com a gravação "Paolo Veronese"?

A partir desse episódio perturbador, Viviane me aplicou reiki durante um ano, transmitiu ensinamentos e preces para purificar karmas. Nesse meio-tempo eu me tornei guardiã da chama, membro que recebe periodicamente as lições e mensagens da Summit Lighthouse. Um detalhe importante: a Fraternidade dos Guardiães da Chama acredita que o mestre Paulo Veneziano está vivo, entre nós. Será?

Vida no céu, 2015. Foto e pintura digital, de Nani.

SUPERNOVA 1987A

A possibidade de o mestre estar entre nós deixou-me intrigada e ao mesmo tempo tão viva, como se uma luz intensa e cálida expandisse no meu peito. Encontrá-lo seria, mais que transformador, a confirmação de que minha vida paralela era real. Mas por onde começar?

Ainda em 1994, soube que no Instituto Imagick eram realizadas meditações e vivências da lua. Fui até lá. Em um dos encontros, disseram que devemos abrir mão de algo precioso para obter algo mais precioso ainda. Como isso se aplicaria à minha vida? Do que teria de abrir mão para encontrar o mestre? Talvez a resposta estivesse dentro de mim, em algum recanto da memória.

Certa manhã recebi em minha casa um impresso do Instituto com informações sobre a Supernova 1987A, cuja luz chegara à Terra no dia 23 de fevereiro de 1987 – justamente no ano em que acordei para preencher a moldura vazia. O objetivo da mensagem era lembrar que uma vibração celestial fora enviada ao nosso planeta para ampliar a consciência dos que acumularam méritos para recebê-la e que seu efeito ainda permanecia entre nós. Na ocasião em que ocorreu o fenômeno, milhares de pessoas em todo o mundo se reuniram em lugares sagrados para meditar.

Supernova é uma estrela gigante que, num estágio avançado de sua evolução, explode causando um repentino aumento de brilho, muito intenso, que diminui lentamente nas semanas seguintes. O telescópio espacial Hubble fotografou os restos dessa supernova, e os cientistas puderam ver dois anéis não concêntricos, tendo em sua intersecção o desenho perfeito de um olho ardente de espectro verde. Na verdade, a explosão ocorreu 160 mil anos antes de sua luz chegar à Terra.

A notícia da supernova, a cor-luz verde que se formou no seu centro, tão próxima ao verde das pinturas de Veronese, o possível despertar de grande parte da humanidade – tudo caiu como uma luva em minha mão. O que aconteceu naquela madrugada de 1987 não foi uma simples experiência pessoal, uma vez que algo externo a mim também estava mudando. Foi então que o Universo, com seu tempo infinito, cooperou para que eu me conectasse com o espaço vazio da instalação que criei na moldura dourada.

Desse evento nasceu o quadro *Supernova 1987A*. Empreguei a técnica *transfer* sobre tela, que aprendi com a fotógrafa com quem dividia o ateliê. Na parte superior, coloquei o olho ardente da estrela. No centro, a representação do Espírito Santo em forma de pomba, que comprei na igreja do meu amigo Padre Miguel. Embaixo, um detalhe de *Adorazione dei magi*: o cavalo e o cocheiro que estão ao lado de um dos reis magos. As três imagens pareciam estar dentro de um tubo, apesar de soltas na tela. Finalizei com fortes e largas pinceladas circulares em vários tons de azul, que sugeriam o céu. Uma homenagem ao mestre por sua fiel conexão atemporal.

Além de determinar os ciclos de vida do planeta, os corpos celestes são carregados de forte conteúdo simbólico. Na atual transição em que vivemos, a chegada da supernova indicou, para muitos, que os olhos da consciência galáctica voltavam-se para nós.

Entrada para a mente, 2010. Foto e pintura digital, 90 x 70 cm, de Nani.

INVOCAÇÃO

Prossegui minha busca. Soube da existência de Robert Happé, um holandês de Amsterdã que tinha estudado Filosofia e Religião no Ocidente e no Oriente e conhecia a fundo os temas relacionados aos mestres ascensos. Fui ao seu encontro e ele me convidou para participar de um grupo com o qual compartilhava suas experiências. Aceitei de imediato. Estive presente em mais de vinte seminários sobre consciência da nova era e autoconhecimento. Robert encerrava cada palestra com uma meditação guiada e nos aconselhou a meditar em grupo ao menos uma vez por semana.

Passei a abrir minha casa todas as quartas-feiras para o grupo de meditação. A notícia se espalhou rapidamente, e muitas pessoas começaram a vir. Gabriel, meu filho, que também participou dos seminários comigo, ajudava a guiar as meditações. Nos reuníamos na sala em que estava *Adorazione dei magi* ou no jardim, onde eu preparava sobre uma mesa redonda um altar com cristais, imagens sagradas, flores e uma vela, tudo com muito cuidado para invocar o mestre.

Uma conexão maior estava por vir.

Revelação em NY, 2010. Foto e pintura digital, 45 x 60 cm, de Nani.

UMA VOLTA AO PASSADO

Estávamos em 1995. No mês de julho, duas amigas artistas e eu fomos convidadas para expor nossos trabalhos numa galeria do Soho, em Nova York. O entusiasmo tomou conta de mim, e a chance de fazer sucesso reacendeu novamente. Juntei o dinheiro que ganhara com a venda de pinturas e roupas e viajei para a inauguração. Ao chegar ao Soho, vi que não havia exposição, nenhuma obra estava lá, e a galeria... fechada! "O que estou fazendo aqui? Como me deixei enganar dessa maneira?", foi só o que pensei. Desiludida, caminhei pelas ruas de Nova York chorando, sem saber aonde ir. Estava perdida, completamente sem rumo. Liguei para minha mãe, que conhecia tão bem a cidade e costumava se hospedar com meu pai na Lexington Avenue. Poderia me dar ânimo, alguma ideia, dizer como sair daquela tristeza. Ela foi direta:

— Nani, não se deixe abater. Aproveite a viagem. Afinal, você está em Nova York. Vá ao The Frick Collection, onde há obras lindas, inclusive de Paolo Veronese.

Foi o que fiz. Ao chegar ao museu, o sorriso caloroso do porteiro fez com que eu me sentisse um pouco melhor. As atendentes apontaram a sala onde poderiam estar as obras do mestre. Tudo indicava que uma onda de recompensas se seguiria à farsa da exposição.

Ainda abalada, andei pela sala enorme e nada encontrei. No final, havia dois quadros expostos, um de cada lado de uma porta que dava para a sala seguinte. Parecia ser o fim do caminho e, mais uma vez, desatei a chorar, pronta para desistir. Nesse exato instante, a figura de uma mulher pintada no quadro exposto à direita da porta chamou a minha atenção. Fixei os olhos nela e fui tomada por uma atração semelhante à da primeira vez que vi *Adorazione dei magi*. Sua sensualidade evidente, as cores, a beleza da pintura – tudo me tocou de tal maneira, como se eu mesma estivesse dentro do quadro. Só que dessa vez a experiência trouxe um estranho acanhamento.

Tornei a chorar e saí da sala envergonhada, sem a esperança de encontrar as obras, quando um guia do museu me informou que as pinturas expostas de um e de outro lado da porta eram de Paolo Veronese. À direita estava *Wisdom and strength*; à esquerda, *Virtue and vice*. Constatei, então, que a mulher retratada com a qual senti forte afinidade fora pintada por Veronese. A força gerada pelas mãos de um mestre é insubstituível.

Antes de sair do museu, passei na livraria, na tentativa de encontrar mais informações sobre Veronese, algum livro com suas obras ou biografia. A vendedora que me atendeu disse que talvez pudesse ter algo no livro *Painting in Renaissance Venice*. Peguei o livro da estante, folheei e não achei nada. Já era tarde e eu estava muito cansada.

Quando tentei recolocá-lo na prateleira, ele caiu nas minhas mãos, aberto nas páginas 250 e 251. De um lado estava *Portrait of a Man*, autorretrato de Veronese, tal qual aparece no livro *Senhores dos sete raios*. Do outro, algo que me deixou perplexa: a imagem da mesma modelo pintada por ele e exposta no salão, em outra obra, com o título *La Bella Nani*.

BELLA NANI E VERONESE

Custei a acreditar no que vi na livraria do museu. O nome Nani, *meu nome*, impresso sob a reprodução fotográfica de um quadro de Veronese! Fui a Nova York em busca de sucesso e mais uma vez me deparo com algo inesperado, uma possível vida passada. O que fez o Universo para eu ir até lá, segurar nas mãos aquele livro? Tinha enviado mais uma onda para deslocar o curso dos acontecimentos? Percorri tantos caminhos, e os que não estavam em conformidade com os modelos convencionais foram justamente os que me levaram a lugares mais profundos, a um possível sinal de uma vida passada, tão viva e em cores. Meu percurso teria chegado ao fim ou seria o início de uma nova existência, misteriosa, inimaginável?

Posso dizer que encontrar Bella Nani até me reanimou depois do contratempo da exposição e de toda a tristeza que chorei. Mas como gostaria de conversar com Padre Miguel, estar perto dele naquele momento, contar-lhe sobre o meu inusitado encontro com o passado. Ele me entenderia. Meu querido amigo e conselheiro Padre Miguel! Meu quarto filho chama-se Miguel em homenagem a ele. Como estava longe, resolvi visitar a igreja St. Vincent de Paul, em Manhattan, para me aproximar do sagrado e agradecer o encontro com Veronese e Bella Nani.

Voltei ao Brasil um pouco antes do meu aniversario, 8 de agosto, e tive a triste notícia da morte de Padre Miguel. A perda de alguém que amamos é sempre grave e intensa. Permaneci retraída por um tempo, mas aos poucos retomei meu dia a dia, grata por tudo o que dele recebi.

As verdadeiras conexões permanecem.

Bella Nani 1555, 2009. Foto e pintura digital, 90 x 70 cm, de Nani.

Bolhas e o brinde a Ladakh, 2010. Foto, 60 x 45 cm, de Nani.

UMA COMPOSIÇÃO HARMONIOSA

Recuperada da perda de Padre Miguel, tive meu último contato com a mensageira da Summit Lighthouse, ansiosa para contar-lhe que havia encontrado Bella Nani num livro em Nova York. Ela ouviu minha história com atenção e insistiu que nada acontece por acaso. Mas deveria deixar de lado minha busca, pelo menos por algum tempo, pois uma missão fora reservada para mim: realizar uma exposição anônima no dia 24 de outubro, data de uma lua nova favorável ao encontro de almas. Eu deveria incluir na exposição um quadro de Jesus e outro de Nossa Senhora. Por coincidência, nesse mesmo dia haveria uma festa da MTV no Moinho Santo Antônio, cujo prédio está hoje tombado como patrimônio histórico da cidade de São Paulo.

O tempo era curto. Acelerei o trabalho, entrei em contato com amigos, conhecidos, organizadores e, por fim, consegui permissão para colocar minhas obras em toda fachada de tijolos aparentes do pátio do Moinho.

Com alguns quadros já prontos, tracei um percurso, começando por *Jesus* e *Maria*, expressões do mais puro amor. Outra obra, *O elefante*, estava presente para simbolizar a ida de Jesus ao Tibete e a Ladakh, no Norte da Índia, onde teria se dedicado ao estudo das escrituras budistas – afirmação que causou muita polêmica desde o século XIX, com a publicação de *A vida desconhecida de Jesus Cristo* pelo historiador Nicolas Notovitch. O quadro *Anônima* se referia a mim e à história oculta de Jesus no Oriente, onde se tornou conhecido como Santo Issa, como sugerem alguns estudiosos. *A árvore e o duende* foi inspirado numa lenda da cidade de Leh, antiga capital de Ladakh, que narra a última pregação de Jesus nas proximidades de um lago e de uma árvore antiga, antes de regressar à Palestina. Foi uma boa escolha. Numa festa alegre como a da MTV não podia faltar um duende, criatura que ama a música e a dança. O que mais representava o espírito da exposição era *O beijo*, pois expressa amor, encontro, entrega.

Havia ainda uma escultura, *Folhas de Cristo*, que criei em 1994. É uma representação da cruz cristã com folhas. Descobri outro dia, por acaso, na revista *Superinteressante* de julho de 2011, uma matéria que menciona a pesquisa do arqueólogo Joe Zias, da Universidade Hebraica de Jerusalém. Ele diz que Jesus pode ter sido "arvorificado", e não crucificado. Zias descobriu que era muito comum as vítimas dos romanos serem sacrificadas em árvores, onde se pregavam tábuas de madeira para prender os braços. Sua teoria pode ser controversa, mas minha percepção dos acontecimentos passados tornava-se cada vez mais clara. Como reflexos num espelho.

No fim da noite fiquei indagando o que iria acontecer. Foi quando uma cena bonita me comoveu. Vários casais se beijavam diante das telas de forma harmoniosa, compondo com elas uma nova imagem, como uma instalação. Interessante como é possível entrar em comunhão com o mistério e a arte.

ESTOU AQUI

No ano seguinte mudei meu ateliê da rua Oscar Freire para a João Moura, onde ficaria com mais dois artistas. A imagem de um Lama tibetano, no espaço ocupado pela fotógrafa, chamou a minha atenção. Tratava-se de Lama Gangchen Rinpoche, que veio pela primeira vez ao Brasil em 1987. Fiquei intrigada, pois foi exatamente naquele ano que criei uma instalação na moldura vazia. "Ah!, não, Nani, você tem muita coisa a fazer", disse a mim mesma, atarefada com tudo o que precisava arrumar naquele espaço bem menor que o anterior.

Os dois primeiros anos no novo ateliê foram muito produtivos. Criei as telas *Supernova 1987A, Tubo de luz, Om, Jesus, Chacra do coração, Ponte para Veronese, Os muros, Útero, Mulher sem cara* e tantas outras. Em casa continuei a meditar, e cada vez mais sentia a presença do mestre. Meu coração pulsava, como se despertasse.

Passei a acordar, dias seguidos, às quatro horas da manhã. Caminhava até o jardim para ver a lua e evocá-lo, com toda a minha devoção. Quem seria ele, afinal? Onde estaria? O que queria de mim? Faltava sempre uma peça no quebra-cabeça.

Numa das madrugadas, tive a impressão de que Veronese me chamava. Caminhei até a sala de jantar e parei diante do quadro.

Foi então que o olhar de um dos personagens me atraiu fortemente. "Claro! O homem de olhar forte, nariz saliente e olhos profundos aí retratado é ele!", pensei com convicção. "Além do mais, as cores verde-veronese e rosa-claro de seu manto são as mesmas do mestre Paulo Veneziano, conforme está descrito em *Senhores dos sete raios*." Na pintura, ele aparece como um dos reis magos – segundo a Fraternidade dos Guardiães da Chama, uma de suas reencarnações – e traz nas mãos um receptáculo de prata, contendo mirra ou incenso ou ouro, seu presente para o Menino Jesus. O objeto de prata assemelha-se ao que tenho em casa diante do quadro. Mas como podia ter certeza de que ele se retratou em *Adorazione*? Fiquei um bom tempo refletindo, até que amanheceu.

Veronese me chamou para vê-lo, sim. Uma certeza plena transcende qualquer palavra.

A onda – abstrato, 2015. Técnica mista sobre tela, 96 x 175 cm, de Nani.

Ninho e o cavalete, 2015. Foto, 60 x 45 cm, de Nani.

PEÇAS DE UM QUEBRA-CABEÇA

O único autorretrato de Paolo Veronese que eu conhecia até me mudar para o novo ateliê, em 1996, estava nos livros *Painting in Renaissance Venice*, que encontrei em Nova York, e em *Senhores dos sete raios*, no qual há um detalhe da mesma pintura. O rei mago de *Adorazione dei magi* não se parecia muito com aquele autorretrato.

Em busca de imagens do mestre ascenso Paulo Veneziano, para comparar com as que tinha do pintor Paolo Veronese, folheei as publicações da Fraternidade dos Guardiães da Chama. Achei que ele poderia estar insatisfeito com as representações que encontrei e separei algumas, para transformá-las do meu modo. Utilizei recortes de tecidos pintados por mim, alguns como fundo e outros como roupas que sugeriam mantos. As imagens foram muito bem fotografadas pela artista com quem eu dividia o ateliê. Com algumas fotos fiz as pinturas-colagens de *Recortes de Veronese* e de *Recortes de Veronese, Bella Nani e Nani*. A sensação de que faltava algo permanecia, e deixei espaços vazios para as imagens que estariam por vir. Assim que as descobrisse e colasse, estaria preenchendo a mim mesma.

De uma viagem à Itália, a fotógrafa me trouxe de presente o livro *L'opera completa del Veronese*. Como boa fisionomista, ela observou que aparecia em várias pinturas o rosto da mesma modelo, a Bella

Nani que vi em Nova York em preto e branco. A semelhança entre as imagens tornou-se evidente. O fato chamou minha atenção e voltei a observar a modelo retratada como Nossa Senhora em *Adorazione dei magi*. Era a mesma.

Como peças de um quebra-cabeça, surgiam pouco a pouco os personagens de um antigo enredo, revelando uma história adormecida por séculos. A Bella Nani não existia somente no retrato pintado por Veronese e nas duas obras expostas no The Frick Collection, mas em quase todos os seus quadros e afrescos de Veneza. A presença constante da modelo indicava sua importância na vida do artista e uma grande ligação com ele.

Diante de tantas evidências, eu me dei conta de que os sinais de uma outra existência surgiam devagarinho, passo a passo, lentos porém firmes e consistentes. A dimensão sagrada da vida cotidiana já estava enraizada em mim.

A rosa e o lodo, 2011. Foto e pintura digital, 60 x 45 cm, de Nani.

IDENTIDADE

Fragmentos de um tempo passado marcaram insistentemente os meus dias, os breves intervalos entre as horas, e talvez estivessem traçados na palma da minha mão.

— Você recolocou *Adorazione dei magi* na moldura e encontrou a Bella Nani num livro em Nova York. Aí está a sua identidade — disse Viviane.

Depois dessa revelação, tão direta e aparentemente tão simples, nunca mais a vi. Na semana seguinte recebi outro texto sobre Paulo Veneziano, publicado pelos Guardiães da Chama, no qual o mestre diz que, em seu retiro etéreo, se encontra uma moldura vazia e completa: "a moldura da vossa identidade". A primeira mensagem, recebida anos antes, fora confirmada.

Minha história! Tudo se tornava cada vez mais claro. É bem provável que fosse *eu* a modelo de Veronese. E ninguém melhor do que Elizabeth Clare Prophet, a chefe espiritual de The Summit Lighthouse, para confirmar essa minha ligação com o passado. Como não pensei nisso antes? Afinal, era ela quem canalizava as mensagens dos mestres da Fraternidade Branca. Escrevi-lhe contando sobre o quadro, a instalação na moldura vazia, a plaqueta onde consta o nome de Paolo Veronese e a modelo. Juntei à carta um álbum com fotos de imagens de Paolo Veronese e com minhas pinturas-colagens de Paulo Veneziano.

Em fevereiro de 1997, recebi uma carta de Mother Elizabeth, como a chamavam, na qual ela confirmava o que eu já antevia: minha íntima ligação com o mestre. Senti-me realmente honrada. Tive a felicidade de conhecê-la logo depois, quando veio a São Paulo para proferir uma palestra no Maksoud Plaza. Que mulher notável!

Mestre Ascenso Paulo Veneziano, 1996. Foto de Nani.

Círculos de luz dentro do Louvre, 2011. Foto e pintura digital, 45 x 60 cm, de Nani.

VIAJAR É PRECISO

Debrucei-me sobre o livro *L'opera completa del Veronese*, em busca da origem da modelo presente em seus quadros e afrescos. Com o pouco que sei de italiano, descobri que o quadro *La Bella Nani* pertenceu à coleção de um abade e a alguns nobres, até chegar às mãos do príncipe Demidoff, no século XIX, antes de ser doado ao Museu do Louvre. Mas quem seria essa modelo de Veronese? Quanto tempo teria permanecido ao lado dele? Fiquei pensando em todos os fatos que ocorreram desde a primeira vez que vi *Adorazione*, até ser interrompida pela visita de Sylvia.

Com seu jeito amistoso, Sylvia contou que viajaria para a Itália dentro de alguns meses e me mostrou a foto de um recanto na Villa Torrigiani, em Lucca. Senti, de imediato, que já conhecia aquele lugar, tão familiar como uma recordação. A foto mostrava um terraço, uma árvore e um jardim clássico com canteiros floridos. Quis saber mais, e ela, por engano, afirmou que se chamava Villa Demidoff. A troca de nomes foi providencial, decisiva para meu próximo passo.

— Demidoff! — exclamei. Acabo de ler esse nome! Foi um dos donos do quadro *La Bella Nani*. Você deve estar enganada.

— Não, não estou. Vou para Bagni di Lucca fazer um retiro com um lama tibetano. Veja isto, Nani, leia você mesma.

Foi então que me mostrou o folheto sobre um retiro denominado "Sem So", guiado pela primeira vez no Ocidente por Lama Gangchen Rinpoche, com ensinamentos sobre Autocura Tântrica para a mente e o equilíbrio da aura. O evento seria realizado de 1º a 9 de junho de 1997. O que mais chamou a minha atenção foi o endereço da Associazione Villaggio Globale, que organizou o retiro: Villa Demidoff 55022.

Li, reli e disse a mim mesma: "Preciso ir para lá. Veronese está me indicando o caminho."

No ano anterior fiz uma pintura-colagem, *Ponte para Veronese*, na qual colei uma representação do mestre bem acima, à esquerda, e uma foto minha embaixo, à direita. Entre os dois, pinceladas inspiradas em Pollock sugeriam pontes. Eu teria que atravessar pontes para encontrá-lo. Possivelmente, aí estaria mais uma peça para se encaixar no meu quebra-cabeça. Que pontes seriam essas?

Desde a visita de Sylvia, a ideia de ir a Bagni di Lucca não saía da minha cabeça. Mas estava atravessando um momento de dificuldades financeiras e só com a ajuda de todos os santos realizaria meu sonho. E rezei muito. Quando jovem, estudei na Rosslyn House School, em Weybridge, nos arredores de Londres. Nas férias visitei a Itália, e um dos lugares que mais me impressionou foi justamente a Basílica de Assis, onde pedi a São Francisco para retornar àquele país. Eu seria atendida.

Meses antes de ver o folheto de Bagni di Lucca fui modelo de uma propaganda para a Natura, ao lado de meu marido e dos meus filhos. Por sorte, a agência me ligou, pedindo permissão para usar novamente uma das fotos, na qual estou com Miguel, meu caçula. Com o cachê, que parecia ter caído do céu, poderia realizar a viagem.

Fiquei feliz e ao mesmo tempo apreensiva. Bagni di Lucca era frequentado por nobres, artistas e poetas havia séculos. Como seria percorrer os caminhos por onde, certamente, passou Bella Nani? Chegaria a saber sua origem? Não tinha a menor ideia. Era como estar diante do espelho e só olhar meio de lado, como fazemos muitas vezes para fugir de nós mesmos. "Seja forte, Nani! Você chegou até aqui!", pensava. De fato, tantos anos se passaram, e era o momento de seguir em frente. Mas continuava hesitante, apesar de meu fascínio por viagens. Também me entristecia deixar meus filhos, principalmente Miguel, ainda tão pequenino.

Na época eu levava uma vida tranquila, de casa para o ateliê, do ateliê para casa, cuidando dos filhos e das coisas mais simples, como lavar louças ou tratar do jardim. Para mim, todos os momentos eram de criação, muitas obras começaram a nascer na minha mente nessas horas.

Então por que viajar? Por que tantas vezes surgia o desejo de partir e, logo em seguida, um medo aterrador? Aterrador e tentador, como na infância. Até que o desejo, maior que qualquer outra emoção, fez com que eu me movesse.

O rio impedido de correr tomou seu curso. Estava pronta para atravessar o oceano.

Nuvens, 2016. Foto de Nani.

BAGNI DI LUCCA

No dia 30 de maio de 1997, peguei um voo para Milão. De lá, um trem para Lucca. Escolhi o caminho mais longo e bonito, quase paralelo ao mar, porque o trem para em todas as estações. O verão se aproximava, muitos viajavam em trajes de banho e iam de uma praia a outra. Era um tal de sobe e desce, uma alegria contagiante. Brotavam as últimas tulipas da primavera, deixando a paisagem ainda mais bela. Podia-se, às vezes, avistar as águas do Ligure.

Após cinco horas de trem chegamos a Lucca, uma cidade cercada por muralhas renascentistas, construídas para protegê-la das invasões de Florença. Na Idade Média, Lucca tornou-se uma das mais ricas e importantes cidades italianas e ficou famosa em toda a Europa pelo intenso comércio de seda.

Logo que cheguei, peguei um táxi para Bagni di Lucca, uma pequena cidade aninhada por montanhas, onde se unem os rios Serchio e Lima. Atravessamos a Ponte della Maddalena, também chamada de Ponte del Diavolo, por causa de uma antiga lenda. É uma obra de arte inspiradora. As pontes sobre os rios me lembraram de *Ponte para Veronese*, pintado um ano antes. Sim! Teria que atravessar pontes para encontrá-lo, como intuí ao terminar o quadro.

Mas naquele momento minha intenção era outra: saber da ligação entre Veronese e Bella Nani, movida pela empatia que senti ao ver a foto do jardim mostrado por Sylvia.

Cheguei finalmente ao hotel Villa Roma no exato momento em que Sylvia desceu de outro táxi. Se tivéssemos combinado, a hora e os minutos não seriam tão precisos. Fomos a pé encontrar as pessoas que iriam participar do retiro. Jantavam num restaurante pertinho do hotel. Logo que entramos, vi o Lama tibetano. Seu olhar, como um leque que se abre, despertou incontáveis sensações já vividas por mim como se fossem uma só. Percebi nele uma força capaz de me fazer encontrar o que tanto buscava, a chave que abre a porta de uma percepção maior. A experiência foi tão impactante que saí imediatamente daquele lugar. Precisava respirar, abrandar meu coração.

Lama Gangchen no Reiki, 2015. Foto de Bel Cesar.

Casa em movimento, 2010. Foto e pintura digital, 70 x 90 cm, de Nani.

O TEATRO

A rua estava vazia, as casas pareciam abandonadas. Segui em direção à pequena ponte próxima ao hotel para observar o rio e toda a paisagem, por algum motivo tão familiar. Segui mais um pouco e dei a volta por trás de uma casa, como se a conhecesse. Já estivera lá. Mas quando? Senti um aperto, uma tristeza profunda. Na tentativa de procurar dentro de mim a resposta, fechei os olhos e vi um cenário movimentado, com pessoas andando de um lado para o outro. Era possível ouvir suas tagarelices e cantos, ver seus gestos, as danças, os trajes suntuosos, as fantasias...

A casa, a ponte, a impressão de ter vivido ali – tudo parecia ter despertado em minha mente a percepção de algo semelhante ao que conhecera. A mente assimila tudo o que chega aos nossos sentidos, segundo a segundo. Só podia ser isso. Mas qual o motivo da angústia? Podia ser um truque da memória, um simples *déjà-vu*. "Por hoje basta!", pensei. "Preciso me refazer."

Voltei ao restaurante para conhecer as pessoas com quem iria conviver nos próximos dias. Lama Gangchen não estava mais lá. Entre uma e outra conversa, busquei informações sobre a casa por onde passei, sobre quem teria morado lá. Soube então que a casa estava fechada e, muito tempo antes, fora um teatro.

Um homem de ar imponente caminhou em direção à mesa onde eu estava com minha amiga. Apresentou-se. Era Franco, o fundador da Associazione Villaggio Globale e *sponsor* de Lama Gangchen. Seu charme e inegável espiritualidade tornavam-no, sem dúvida, sedutor. Convidei-o para sentar-se conosco.

— Nunca a vi por aqui — ele disse.

— Vim em busca de informações sobre o pintor Paolo Caliari, il Veronese, e sobre uma obra possivelmente de sua autoria, *Adorazione dei magi*.

— Minha família tem uma obra de Veronese chamada *O teatro* — Franco comentou.

— Sério? *O teatro*?!

— Sim. Por que o espanto?

— Não, não... Por nada...

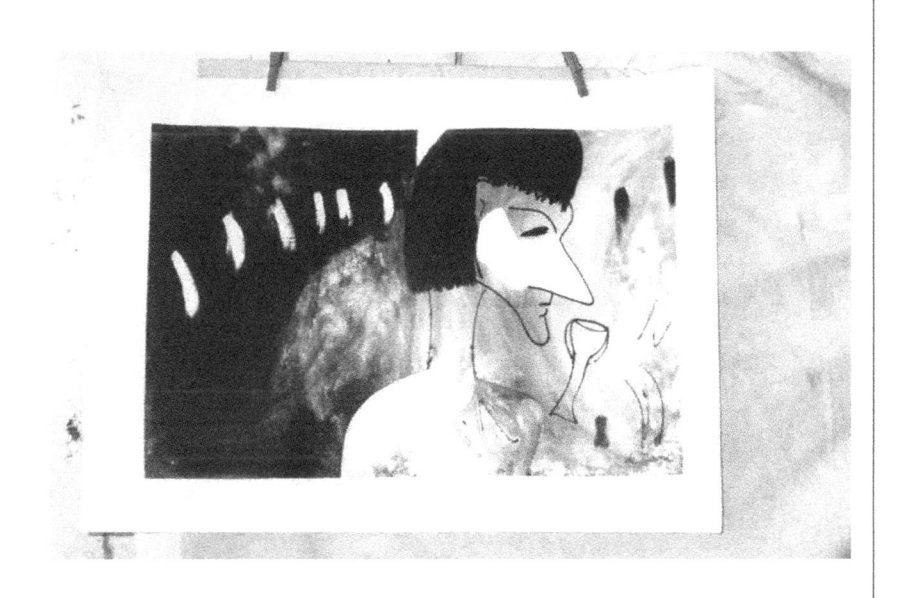

Máscara branca, 1994. *Transfer* sobre papel, de Nani.

A flor se restaurando, 2016. Foto e pintura digital, 90 x 70 cm, de Nani.

O BUDDHA DOURADO

Acordei bem-disposta e desci para a rua. As pessoas que por lá transitavam pareciam pouco se conhecer, apesar do aconchego do vale, as pontes que unem um e outro lado do rio como pequenas travessas de uma avenida, as casas repletas de memórias. Chamei Sylvia para irmos à Villa Demidoff, ansiosa para ver de perto o terraço, a árvore e o jardim florido da foto que motivara minha viagem. Caminhamos bastante e chegamos a um local que nada tinha a ver com a imagem que guardei na memória.

— Acho que me confundi. Aquela deve ser a Villa Demidoff de Firenze. Vamos para o retiro, Nani. Está em cima da hora — disse Sylvia.

Decepcionada, eu a acompanhei. Passamos por uma gruta, subimos uma montanha e chegamos à Villa Ada, onde faríamos o retiro. À primeira vista, o casarão velho de paredes descascadas era tão assustador que o grupo o apelidou de Villa Adams. Do lado de fora, alguns monges construíam uma mandala de areia com o desenho de um escorpião, trabalho que durou todo o retiro. Quando entramos, estava bem desarrumado; num instante, tudo ficou em seu devido lugar. Então alguém chamou:

— *Andiamo!*

Subimos por uma grande escada de madeira escura que dava para o salão do primeiro andar. As pessoas se acomodavam nos colchonetes colocados no chão. O pé-direito alto deixava o ambiente arejado e a luz do sol atravessava as imensas portas-balcão. De lá podia-se avistar a natureza intocada da pequena Bagni di Lucca. Por todas as paredes havia *thangkas*, pinturas budistas sobre seda; perto do altar, muitas flores. Pensei no altar que fizera tempos antes, no jardim da minha casa, para invocar o mestre. Ouço uma voz:

— *Rinpoche è arrivato!*

Olho em direção à porta e vejo Lama Gangchen Rinpoche entrar e dirigir-se ao altar. Sua figura, as vestes monásticas, tudo me fez lembrar dos bonecos japoneses que ganhara do meu avô Garibaldi Dantas, pai de minha mãe, um homem culto que tinha uma biblioteca de causar inveja a qualquer intelectual. Vovô gostava muito do Japão e trouxe de lá um Buddha para o seu escritório. Era a imagem mais próxima que eu tinha dos orientais.

Senti alegria ao ver Lama Gangchen e também certo medo de seu imenso poder, pois poderia fazer com que eu enxergasse a mim mesma. Com seu olhar penetrante, parecia ver-me por inteira. Era como se desnudasse minha alma.

As visualizações, o som dos mantras e os mudras que compõem o ritual de Autocura de Lama Gangchen me contagiaram. Enquanto os budistas rezavam nas contas de seus *malas*, eu segurava meu tercinho azul-claro bento por Padre Miguel.

Caroline, a tradutora do Lama, pelo seu jeito de se vestir e falar, parecia saída de antigas histórias inglesas – que tanto apreciei nos teatros de Londres e nas leituras dos contos de Shakespeare realizadas por Mrs. Dawson, na Rosslyn House School. Sua pronúncia, impecável, despertou meu interesse e facilitou a compreensão dos ensinamentos. Anos depois, ela recebeu de Lama Gangchen o título de professora de Filosofia Budista e o nome de Lama Dorje Khanyen Lhamo. Nós a chamamos, amigável e repeitosamente, de Lama Caroline.

Uma pessoa que chamou minha atenção foi Ariella, mulher linda e atraente, de expressivos olhos azuis. Os cabelos longos acompanhavam a postura ereta, como se nada a abalasse. Não era de muita conversa e transmitia grande força interior.

Bagni di Lucca foi um reencontro de almas. Por horas, esqueci a Villa Demidoff. Senti-me em casa, feliz por fazer parte daquilo tudo. No final do dia, ao receber o abraço amoroso de Lama Gangchen, muito do meu medo se dissipou.

À noite voltei ao hotel e fui direto ao meu quarto. Quando estava quase dormindo, senti uma abertura no centro da minha testa, um pouco acima dos olhos. Seu contorno era um círculo perfeito.

Parecia que algo tinha me furado, porque chegava a doer. Passei a mão, impressionada, e me levantei.

Caminhei até o espelho e parei ao ver um facho de luz saindo da minha testa e expandindo-se em forma de cone, sem que eu pudesse ter qualquer controle sobre ele. Tinha cerca de sessenta centímetros de comprimento. No final, surgiu um triângulo e, dentro dele, a imagem nítida de um pequeno Buddha dourado em postura de lótus. Seu brilho resplandecente era real como o puro ouro. O triângulo sumiu e a imagem permaneceu solta no ar, envolta no facho de luz. Assemelhava-se a um holograma. Senti uma calma profunda, entrei num estado de puro êxtase. O quarto continuava escuro, sem a interferência de qualquer luminosidade externa. A luz saía, realmente, do interior da minha cabeça. Aos poucos, voltei aos meus sentidos comuns, mas com um vigor impressionante. Completamente sem sono, senti vontade de correr pelas montanhas, andar sem parar.

Lama Gangchen e Lama Caroline, 2015. Foto de Nani.

Lama Gangchen e Nani, 1997.
Foto de arquivo – Centro de Dharma da Paz Shi De Tchö Tsog.

PUJA DE FOGO

No último dia do retiro, participei pela primeira vez de um *puja* de fogo, cerimônia para purificar o que os budistas chamam de "ações negativas", praticadas nesta ou em outras vidas, que deixam marcas em nossa mente e causam sofrimento. O *puja* foi realizado por Lama Gangchen no bosque próximo à Villa Ada. Antes do *puja*, cada participante escreveu num pedaço de papel do que gostaria de se desvencilhar, como emoções destrutivas, dificuldades de relacionamento ou qualquer outro obstáculo à prática religiosa e a uma vida mais feliz.

Era final de tarde. As copas das árvores se tocavam e o sol começava a desaparecer. Mal se podia ver o céu. Com vestes próprias para o ritual, Lama Gangchen estava bem à minha frente, ao lado de Franco. Entre nós, a fogueira. Rinpoche fazia as preces em tibetano, com sua voz grave, enquanto as pessoas jogavam os papéis no fogo. Joguei os meus e olhei para ele. Sua imagem estava nublada pela fumaça e, ao mesmo tempo, iluminada pelo facho de luz que atravessava as frestas das árvores. Surgiu em minha mente, de forma espontânea, a moldura dourada. Lama Gangchen e Franco pareciam estar dentro do quadro de Veronese, sendo pintados naquele momento. E eu, parada diante do quadro, talvez no presente, talvez no passado. Ou numa brecha do tempo.

Encerrada a cerimônia, andei em direção à Villa Ada, encantada com aquela imagem. Lama Gangchen se aproximou, colocou uma *kata* de seda branca sobre minha mão e a segurou. Seguimos juntos enquanto ele cantava o mantra de Buddha Maitreya.

Foi uma boa caminhada até a vila. Ele se sentou para tirar as botas sujas de terra e me perguntou:

— O que você veio fazer aqui?

Por um instante fiquei em silêncio, sem conseguir responder, mas logo me senti mais segura.

— Vim na esperança de encontrar uma pessoa do passado, um pintor do Renascimento. Quer dizer, alguma pista. Na verdade, não dá para encontrá-lo, ele morreu.

Ajudei-o a calçar as botas depois de limpá-las e retomamos a caminhada.

— Mesmo assim... Será que posso encontrá-lo, Rinpoche?

— Já encontrou.

— Não pode ser! É Veronese, um pintor do século XVI!

Ele riu e continuou:

— É o meu pintor, ele está aqui.

— Não pode ser — murmurei baixinho enquanto me afastava.

— Espere! Vou apresentá-lo a você. Aonde vai?

— Dormir. Amanhã cedo pego um trem para Veneza.

Buddhas, 2016. Foto de Nani.

Amor livre, 2010. Foto e pintura digital, 23 x 32 cm, de Nani.

AS TERMAS

Fui para o hotel pensando em minha ida a Veneza. Como faria para chegar lá? Como encontrar o endereço de Terisio Pignatti, um dos maiores críticos de Veronese? Precisava conversar com ele. Mas estava tão relaxada, depois do *puja*, que entrei no quarto e acabei dormindo. Quando acordei já eram nove horas da noite. Sylvia ainda não tinha voltado. Abri a porta e só havia silêncio. Onde estariam todos? Desci a escada com cuidado, para não fazer barulho. Impossível! A madeira rangia, só de encostar-lhe os pés. Não havia ninguém na recepção. Ouvi ao longe o som de um piano. Andei mais um pouco e encontrei uma sala com a porta entreaberta. Parei por alguns minutos para observar o homem de costas que tocava com empolgação. Fui me aproximando, curiosa. Que surpresa! Era Renato, o dono do hotel. Ele parou de tocar, levantou-se e fez um gesto de mão, dizendo:

— *Vieni qui!*

Fomos até outra sala e ele me mostrou um retrato a lápis de Giacomo Puccini, pertencente à sua família.

— Você toca tão bem! — comentei. — Será que foi Puccini em outra vida?

Ele me olhou com receio, como se minha intenção fosse descortinar algum segredo. Ri para descontraí-lo e disse:

— Estou brincando!

— Sabe que até pode ser? — ele replicou. — Sou apaixonado por suas composições. Puccini era natural de Lucca, como eu. Há uma estátua em sua homenagem perto da igreja de San Michele.

Renato conhecia muitas histórias da região e conversamos bastante. Em determinado ponto, indaguei sobre a casa que fora um teatro. Ele me disse que existia desde o século XVI. Perguntei se seria possível Paolo Veronese, o pintor de Veneza, ter passado por lá.

— Com toda certeza! — respondeu. — Aqui era um local de veraneio na época do Renascimento. Muitos artistas e pessoas importantes costumavam viajar para cá, banhar-se nas termas... Até orgias aconteceram! Hoje as grutas quentes são procuradas porque têm qualidades terapêuticas.

Na capa do *Painting in Renaissance Venice*, no qual descobri *La Bella Nani*, há mulheres nuas num lugar semelhante às termas de pedra de Bagni di Lucca. A sensualidade de ontem ainda estava presente naquele lugar, assim como a história de seus visitantes. Minhas perguntas se multiplicavam. Pedi então a Renato que me ajudasse a encontrar o endereço de Terisio Pignatti. Enquanto ele folheava o catálogo telefônico de Veneza, uma ideia me ocorreu: "Será que mostro a foto da Villa para ele? Talvez saiba onde é."

No passado, 2015. Foto de Nani.

A EFÍGIE

Telefonei para o professor Pignatti e ele sugeriu que nos encontrássemos no dia seguinte, às duas da tarde, no Museu Correr, que fica na praça San Marco. Eu precisava dormir, acordar cedo e pegar o primeiro trem para chegar a tempo no museu. Por sorte, Sylvia decidiu ir comigo. Tínhamos que viajar cinco horas e meia para chegar em Veneza e depois mais cinco horas e meia para retornar a Bagni di Lucca. Num só dia.

Eu me arrumei toda para encontrar o crítico e fiquei bem bonita. Vesti uma saia que comprei para ocasiões especiais. Muito chique. Calcei sandálias de salto alto para ficar mais elegante. Mas como me arrependi! O entra e sai de um trem para outro, o calor e a longa caminhada até o museu foram demais para os meus pés. Nunca quis tanto minhas Havaianas!

Ao entrar no Museu Correr, fomos recompensadas pela presença de Anselm Kiefer. Ele estava coordenando a montagem de sua exposição numa grande sala. Foi a primeira vez que vi suas obras de perto. Os quadros, imensos, eram pintados em tons de cinza, branco e preto. Na aparente simplicidade, a luz e a sombra tornavam suas obras deslumbrantes. Já admirava seu trabalho e agora pude entendê-lo com o coração. No mesmo instante, vieram-me à mente as palavras de Lama Gangchen sobre os opostos negativo e positivo e como podemos transformá-los, dar-lhes luz.

Já passava de duas e meia quando me informaram que Pignatti tinha saído um pouco antes para almoçar. Enquanto esperávamos por seu retorno incerto, Sylvia e eu visitamos uma parte da ala esquerda do museu. Eu não podia estar em melhor companhia. Poucos conhecem tão bem a Itália e sabem contar com tanto sabor suas histórias.

Olhamos no relógio. Três e meia da tarde! Teríamos que correr para encontrar Pignatti e pegar o último trem para Bagni di Lucca. Decidimos ir à casa dele. Não foi fácil caminhar por aquelas ruas, todas muito parecidas. Veneza é um labirinto. Voltamos algumas vezes para o mesmo lugar. Graças à gentileza das pessoas, encontramos o apartamento do crítico. Sua esposa nos atendeu e disse que ele não estava mais lá, tinha voltado ao museu. Deixei em suas mãos a transparência de uma foto do *Adorazione*. Caso não o encontrasse, ele teria como dar seu parecer sobre a obra.

Na rua nos deparamos com uma sorveteria. Autenticamente italiana! Num instante a pressa ficou de lado. Irresistível, ainda mais naquele calor! O sorvete era tão bom que até relaxamos.

— Vamos voltar ao Correr? Não custa tentar mais uma vez — pedi a Sylvia.

Chegamos ao museu e... nada de Pignatti! Resolvemos esperar mais um pouco e visitar a ala direita. Perguntei ao guia se lá havia alguma obra de Veronese e ele disse que não. Com certa desconfiança, segui em frente, até que um corredor mais estreito chamou minha atenção. Entrei, andei alguns metros e me deparei com uma efígie. Voltei correndo à procura de Sylvia.

— Venha ver o que encontrei! — exclamei. — Parece o Lama Gangchen!

Ela também ficou surpresa:

— Você tem razão, a semelhança é incrível!

Não pudemos conter o riso de alegria.

— Tenho que mostrar isso para ele, Sylvia! Mas como? É proibido fotografar.

Embaixo do trono havia uma inscrição em chinês antigo e, ao lado, outra em italiano: *"Portafortuna di Marco Polo"*.

Ambito cinese sec. XIX, *Effigie di Marco Polo*, Venezia, Museo Correr. inv. Cl. XIX n.0172
Copia dell'idolo venerato nel tempio dei Cinquecento Genii a Canton ritenuto
l'effigie di Marco Polo.
Crédito da foto: 2016 © Photo Archive – Fondazione Musei Civici di Venezia.

LAMA MARCO POLO

No dia seguinte ao de minha ida a Veneza, tomamos um ônibus para Rimini com o grupo do retiro. A ideia era fazer a prática de Autocura no estande da Radio Pace, instalado num pequeno edifício onde estava acontecendo uma feira de música, moda e arte. A Radio Pace foi o primeiro canal de comunicação que transmitia só mensagens de paz e cura para todos os seres e o meio ambiente. Criada por amigos de Lama Gangchen, em 1994, a rádio tinha sede em Milão. É interessante como o amor e o entusiasmo do nosso Lama combinavam com aquele lugar.

A criatividade rolava solta. Paredes grafitadas, roupas ousadas, muita música. Mas o que eu nunca tinha visto e despertou minha atenção foi o som incomum que vinha dos toca-discos dos DJs, que interferiam no som original dos vinis.

Quando chegamos ao estande, depois de subir alguns lances de escada, Lama Gangchen me convidou para sentar ao seu lado. Fiquei com ele um bom tempo, em paz e feliz, até avistar pela janela o tentador mar Adriático, uma parte do Mediterrâneo que forma um golfo alongado. Senti necessidade de ir até lá e mergulhar. Levantei.

— Aonde vai? — perguntou Lama Gangchen.

— Só um minutinho, Rinpoche, vou ver o mar.

— Não, fique aqui! Meu pintor já vai chegar, quero apresentá-lo a você.

— Já volto, Lama.

E saí dali rapidinho. Sylvia, a companheira de sempre, foi comigo. Andamos uns dez minutos até chegar à praia. Um navio que surgiu ao longe me fez pensar em Fellini arquitetando *E la nave va!* Rimini é sua terra natal. Admirando o mar, esqueci do tempo. Seu azul profundo o tornava misterioso.

Quando voltamos à feira, estavam todos no ônibus, prontos para partir. Acabei não conhecendo o pintor. "Puxa! Não devia ter saído", pensei. "Perdi a segunda chance de conhecer o pintor e não participei da Autocura. Além disso, preciso contar ao Lama que encontrei no museu o *Portafortuna* de Marco Polo."

Lama Gangchen Rinpoche. Foto de Francesco Prevosti.

Árvore da vida 2, 2012. Pintura digital, 90 x 70 cm, de Nani.

LUCCA

Decidida a encontrar a vila da foto, logo ao acordar perguntei a Sylvia se queria ir a Lucca, como sugeriu Renato. De início ela resistiu, mas eu já tinha pensado em tudo. Sandro, um dos amigos que fizemos no retiro, ia para Lucca e nos ofereceu uma carona. Saímos logo cedo.

No caminho, a canção "Ayrton", que Lucio Dalla compôs para Ayrton Senna, nos embalou pela estrada cheia de curvas e, como sugere a letra, pelas curvas dentro de mim. Foi um belo passeio, com trechos arborizados e paisagens típicas da Toscana.

— O que vão fazer em Lucca? — perguntou Sandro.

— Estamos à procura de uma vila. É uma longa história — respondeu Sylvia, olhando-me com cumplicidade.

— Somos Sherlock Holmes — completei. — Vamos investigar a cidade para desvendar um mistério.

Percebi que Sandro, um tanto desconfiado, olhava para mim pelo retrovisor.

Em Lucca, Sandro nos conduziu pela cidade. Os muros, as torres, a escola de música pareciam estar armazenadas na minha memória. Entramos na igreja de San Michele, onde agradeci a Nossa Senhora e a São Miguel Arcanjo a bênção de estar ali. Ao visitar a igreja de San

Martino, vi uma obra intitulada *Adorazione dei magi*, de 1595, muito parecida com a de Veronese. Era do pintor Federico Zuccari. Mais tarde, pude constatar no livro *Painting in Renaissance Venice* a influência que um exerceu sobre o outro. Pedi mentalmente a Veronese: "Dê-me um sinal, por favor. Se você esteve em Bagni di Lucca, como supôs Renato, deve ter deixado uma obra por aqui. Responda para mim. Mostre-me o caminho."

Quando percebeu meu interesse por museus, Sandro sugeriu que fôssemos ao Palazzo Manzi, onde há uma pinacoteca de artistas renomados, afrescos e uma mostra do que foi a atividade têxtil daquela região. Com a intenção de encontrar alguma obra de Veronese, entrei no museu e me dirigi diretamente a uma sala, como se já soubesse o caminho. Senti um súbito mal-estar e parei. Na parede diante de mim, havia dois quadros expostos, um acima do outro. Olhei para o de cima e lá estava ele: *Pietro l'eremita davanti al doge, Paolo Caliari, detto Veronese*. Uma pintura escura, distinta das mais conhecidas. "Como gostaria de estar frente a frente com alguns supostos *experts* da pintura de Veronese", pensei. Uma vez, ao ver *Adorazione dei magi* em minha casa, afirmaram com convicção não ser de sua autoria. Alegaram que ele nunca pintara obras escuras. Modestamente, discordei:

— Não poderia, em fases mais introspectivas, ter escolhido tons mais escuros?

— Não — responderam, sem dar chance para um diálogo.

Mas lá estava o solitário eremita, diante do doge, para confirmar mais uma vez que minha percepção e meus sentimentos eram verdadeiros; neles eu podia confiar.

O passo seguinte era achar a vila, o que de fato me mobilizou até lá. Como faria para encontrá-la? Nosso gentil guia já tinha voltado para Bagni di Lucca, mas eu estava com a minha cúmplice. E andamos pela cidade, parando aqui e ali. Em determinado momento, vimos um muro de uma cor incomum, uma mistura de vinho com magenta. Nele estava colado um cartaz com a imagem de uma torre alta e estreita. No alto da torre, imponentes azinheiras formavam um grande tufo. Para mim, a torre parecia uma prisão.

— Nani, vamos voltar, está ficando tarde. Deixe a vila pra lá.

Concordei e procuramos um táxi para voltar a Bagni di Lucca. No caminho, vi outra imagem da torre, exposta numa banca de jornais. Era a contracapa de um catálogo turístico, *Lucca Città d'Arte*. Tratava-se da torre Guinigi. Ao folhear o catálogo reconheci, entre outras vilas, aquela que procurava. Entusiasmada, chamei Sylvia:

— Veja este jardim! É a vila da foto!

— Não deve ser, Nani, você *acha* que é. Cadê o terraço?

— Leia, Sylvia. Chama-se Villa Torrigiani, não Demidoff. A outra, que nos confundiu, deve ser a Villa Demidoff de Firenze. Tenho certeza! É esta vila aqui. Vamos até lá.

A vila não era habitada e ficava aberta somente para visitação. Estavam fechando o portão quando chegamos. Convenci o porteiro a nos deixar entrar. E lá estávamos, diante da beleza de uma vila do século XVI, a Villa Torrigiani di Camigliano. Parecia um milagre estar ali. Avistei a grande árvore e o terraço do lado direito do casarão. Fui até lá. O cenário era exatamente o mesmo da foto. Chamei:

— Sylvia! Veja o terraço!

Ela ficou admirada:

— Nossa, Nani, não é que você tinha razão? É esta vila mesmo. Como fui trocar os nomes?

Caímos na gargalhada mais uma vez. Aliás, é o que acontecia com frequência quando estávamos juntas.

— Sylvia, se você não tivesse trocado os nomes, não estaríamos aqui hoje. Vamos marcar este momento?

Sylvia tirou uma foto minha exatamente no ângulo da foto do cartão. Depois foi visitar o interior da casa da vila. Eu fiquei ali, olhando para o terraço. Sentei na mureta de um dos canteiros do jardim, sombreada pela árvore gigantesca. Precisava de um tempo para contemplar o cenário. Desde a primeira vez que vi a foto, senti uma profunda ligação com aquele lugar. "Então, Nani, agora você está aqui", disse a mim mesma. "Tente relembrar alguma coisa. Se você morou aqui, foi bem sortuda!" Mas, diante da indiscutível beleza da vila, não senti alegria, nenhuma sensação agradável. Também não tive sequer uma pequena recordação. No entanto, uma sensação semelhante à que tive perto da casa vazia, em Bagni di Lucca, foi tomando conta de mim. Solidão... Tristeza... Do quê? Talvez de uma vida sofrida. Decididamente, não era o que esperava. O que teria eu a ver com aquele lugar?

Mal percebi a aproximação de um senhor, muito cordial, que pediu permissão para sentar-se ao meu lado. Usava uma camiseta surrada, paletó de lã e boné. Louco para bater um papinho, me perguntou:

— Por que está triste, *signorina*? Já visitou o interior do palácio? Estão fechando.

— O que há lá dentro? — perguntei.

— Um guia contando a história da vila — respondeu.

— Tem uma história?

— Sim, uma lenda. Quer que eu conte?

— Por favor! — pedi.

Talvez tivesse, finalmente, a resposta para o que senti naquele jardim e na casa fechada de Bagni di Lucca.

A lenda

Tudo começou no final do Quinhentos. Uma história de paixão e desventuras, que foi contada de geração para geração, ora omitindo-se uma coisa aqui, ora acrescentando-se outra ali. Mas um fundo de verdade sempre há.

Neste palácio, hoje Villa Torrigiani, nasceu a nobre menina Lucrezia, filha de Luisa e Vincenzo Montecatini-Malpigli. Passou a infância e a juventude em Ferrara, uma província medieval a oeste daqui. A intenção dos pais era torná-la uma moça culta. Lá conviveu com artistas, intelectuais de prestígio e conheceu Massimiliano Arnolfini, com quem trocou cartas apaixonadas até o fim da vida. Se é que se sabe quando foi o fim de sua vida.

Quando Lucrezia voltou a Lucca, seus pais decidiram que era o momento de ela se casar com um dos sete filhos de Paolo Buonvisi, seu parente por parte de mãe, cumprindo assim o pacto feito entre as famílias. Coisa comum na época. Todavia, após marcarem a data do casamento, o noivo morreu. Misteriosamente. A mesma sorte teve o segundo filho de Paolo Buonvisi, após ser apresentado para casar-se com a moça. Por fim, aos dezenove anos, Lucrezia se une em matrimônio ao terceiro filho, o jovem Lelio Buonvisi. Tudo indicava que a aliança entre as famílias tinha sido finalmente realizada. Mas o jovem não estava livre da "maldição" que atingiu a família como um raio.

Apaixonados, Lucrezia e Massimiliano se encontravam em segredo aqui neste palácio, cujo nome naquele tempo era Villa Buonvisi. E também na residência de um casal de tecelões. Dois anos após o casamento, Lelio descobriu a traição de Lucrezia e, não por acaso, encontrou Massimiliano no terraço. Ao persegui-lo, acabou caindo lá de cima e morreu minutos depois. Misteriosamente. Isso aconteceu na noite de 1º de junho de 1593. Dizem que todo ano, nessa mesma data, os dois amantes se encontram aqui no jardim. Mas esta é apenas mais uma história de fantasmas dentre tantas outras que existem por aqui. Quem pode saber a verdade?

Mas vamos lá. Massimiliano foi considerado culpado pela morte de Lelio e condenado à morte. E Lucrezia, julgada como cúmplice, condenada também. Porém ambos escaparam das terríveis penas. Ele se escondeu e viveu refugiado por muitos anos. Ela também conseguiu escapar e, com a ajuda de um abade, abrigou-se no convento de Santa Clara, onde tomou os votos e recebeu o nome de Irmã Umilia Malpigli.

A presença da nova freira só causou rebuliço no convento. Envolvia outras irmãs em escândalos cada vez que encontrava um amante. Era encantadora e inspirava adoração. Com Tommaso Saminati, bem mais jovem que ela, trocou longas e ardentes cartas de amor. Parece que com Pietro, o pintor, manteve um relacionamento não tão fugaz e nada epistolar. Tornaram-se muito próximos e ela chegou a posar para um retrato.

Enquanto tudo acontecia no convento, Massimiliano manteve-se incógnito para não ser preso e decapitado. Até que um dia soube dos casos de sua amada e enlouqueceu. De uma forma ou de outra, seu destino era perder a cabeça! O pobre homem foi encontrado vagando perto dos portões da Villa Buonvisi. Capturado, *foi preso numa torre que não existe mais. Dizem que, na prisão, sua tristeza era tanta que nem se alimentava. Morreu lá mesmo, confinado, muitos anos depois.*

Mais casos amorosos aconteceram no convento de Santa Clara com outras religiosas. Casos mais discretos que puderam ser abafados. Só Lucrezia foi descoberta, por tagarelice de outras irmãs, decerto não tão belas. Seus muitos amores e histórias de sedução vieram à tona como raízes que rompem a terra. Assim, perdeu o véu. O fato é que conseguiu escapar não só de uma severa punição, mas também do convento. Lucrezia deveria ter uns quarenta anos quando não se soube mais dela nem do retrato.

Bem, esta é uma das versões da lenda. Outros dizem que ela fugiu do convento e se instalou num teatro em Bagni di Lucca. Mudou mais uma vez de nome, cortou e clareou os cabelos. Como atriz, escondia-se atrás de máscaras e fantasias. Numa de suas apresentações, um pintor apaixonou-se por ela e a levou para Veneza. Como modelo e mulher amada, permaneceu ao lado dele por muitos e muitos anos.

Guardei um a um os passos de Lucrezia durante a narrativa daquele senhor. Os fatos podem ter se amplificado através dos séculos, mas meus sentimentos mais puros se misturavam com os dela como se eu revivesse um passado longínquo. A identificação com a vila, a paixão que avassala e destrói, a fuga para o teatro, o resgate... Desde pequena espero por um resgate.

A foto da Villa Torrigiani, 1999. Detalhe da pintura sobre *transfer* no linho, 95 x 33 cm, de Nani. Foto de Gabriel Matarazzo.

Oferenda, 2016. Foto e pintura digital, 60 x 45 cm, de Nani.

UM NOVO CÉU

A simultaneidade entre meus sentimentos e os fatos que ocorriam ao meu redor mantiveram viva a chama da minha mente-coração na busca do mestre. Jamais desisti de encontrá-lo. Foram muitas as nuvens escuras, os momentos de tristeza, medo e interferências. Tive que atravessá-las, soprá-las, para não me perder.

Durante alguns anos, olhei para o céu e vi fragmentos do passado. Por intermédio de Lama Gangchen, encontrei um novo céu, com possibilidades infinitas. A grande obra da moldura vazia foi o primeiro passo da minha jornada. Mas o sucesso que eu pretendia atingir, naquela época, não chega perto dos momentos de felicidade que tive depois de encontrar o meu Lama Marco Polo, o sábio tibetano que trouxe, para os seus discípulos, as preciosidades do outro lado do mundo.

Na minha prática espiritual, percebi claramente como os pensamentos negativos, as crenças enganosas e as superstições podiam interferir e dificultar o meu dia a dia. Se permanecessem dentro de mim, chegariam a ter vida própria. Numa das meditações, tive uma experiência fundamental para o meu autoconhecimento. Percebi como as emoções e ideias errôneas que acumulamos transformam-se em nós, em grandes emaranhados, que crescem como ervas daninhas. Senti meus nós se desfazerem no coração e subirem em espiral até o topo da cabeça, por onde saíam em forma de luz. Assim, a ligação entre corpo e mente flui e, no equilíbrio entre eles, uma transformação ocorre. Nesses flashes de segundo, a mente clama por libertação e o espaço interno torna-se pleno de alegria, amor contagiante e criatividade. Duas telas foram pintadas depois dessa experiência: *Soltando e libertando* e *Casa em movimento*.

Adaptar a mente a novos conceitos é uma tarefa contínua, pois estamos habituados a viver de acordo com antigos padrões. Com o passar do tempo, tudo se tornou mais tranquilo, e posso até brincar com as atualizações dos softwares da minha mente. Sinto alegria toda vez que isso acontece, como no primeiro dia de Autocura com Lama Gangchen.

O quadro *Mãe Lua e a Terra*, criado logo depois, sintetiza essa etapa. Na parte inferior, uma imagem da Toscana simboliza o lugar onde (re)nasci como Bella Nani. No centro, há um rio entre pedras, cujas águas servem de passagem tanto do céu para a terra, como da terra para o céu. Acima, as montanhas do Himalaia. Sobre elas a lua cheia, minha mãe do céu, que à noite ilumina. Ao pintar *Mãe Lua*, uni minhas duas vidas numa só. Entre elas, busco constantemente o caminho do meio, como um equilibrista na corda bamba.

Mãe Lua e a Terra, 1999. Técnica mista e *transfer* sobre tela, 155 x 130 cm, de Nani.

Lama Gangchen. Foto de Francesco Prevosti.
Lama Michel e Bel Cesar, 2015. Foto de Fernanda Lenz.

O CENTRO DE DHARMA DA PAZ

Logo que voltei ao Brasil procurei o Centro de Dharma da Paz Shi De Tchö Tsog, um local de práticas e estudos budistas, fundado por Lama Gangchen Rinpoche no ano seguinte à sua primeira visita ao Brasil – ocorrida em 1987, data que marcou o início da minha jornada. Ir ao Centro, mesmo sem muita frequência, era uma forma de manter viva minha conexão com o guru.

Em pouco tempo conheci Lama Michel Rinpoche, nascido no Brasil e reconhecido como a reencarnação sucessiva de grandes mestres budistas tibetanos e principal discípulo de Lama Gangchen. Ele mora na Itália e viaja pelo mundo proferindo palestras e transmitindo ensinamentos. Estive presente em muitas de suas aulas e meditações. Com voz firme e profundo conhecimento da mente, Lama Michel me ajudou a compreender o sofrimento da existência, como superá-lo e também a importância de ouvir infinitas vezes os ensinamentos.

Um cartaz na entrada do Centro de Dharma chamou minha atenção logo que cheguei. Anunciava o workshop "Útero", conduzido pelas psicólogas Bel Cesar e Debora Tabacof. Sem dúvida, o tema era perfeitamente apropriado para quem vive em busca de suas origens. Eu me inscrevi e, em pouco tempo, senti por elas uma proximidade que se estende até hoje.

De acordo com tudo o que aprendera nos últimos anos, continuei a praticar a Autocura. Certa vez, enquanto me preparava para meditar em minha casa, com exercícios de respiração e relaxamento, tive uma visão impressionante. Eu me vi num lugar lindo, de natureza estranha, da qual fazia parte. Lá, nada tinha cheiro nem gosto. Meu corpo era leve, maleável, imaterial, impalpável. Como eu, todos os seres que ali se encontravam eram formados de pura luz líquida e podiam se transformar. Nós nos tornávamos parte do que quer que tocássemos. Se fosse uma pedra, nos tornávamos pedra; na água, virávamos água. Era possível fazer parte de tudo o que existisse naquela rara natureza. Havia visão, mas meio nublada. Brincar de me transfigurar em qualquer forma ou elemento da natureza trazia uma sensação alegre e prazerosa. A sucessão de eventos, como o conhecemos, parecia não existir. Até que, de repente, tudo mudou. Os seres de luz líquida começaram a se mexer depressa, numa agitação frenética. Todos procuravam se esconder do grande pássaro que, de tempos em tempos, surgia no céu. Bastava uma pequena distração para que ele nos pegasse. A única maneira de escapar de suas garras, semelhantes a raízes, era transformar-se em pedra, água, vento ou ar. Mas tinha um segredo: não manter a mente no mesmo pensamento por mais de um segundo. Alguma lembrança ou saudade me prendeu e não pude me ocultar. "Preciso voltar", pensei.

No mesmo instante, fiquei imóvel sob as águas e o pássaro me sugou por um grande canudo. Escuridão. Quando percebi, estava de volta à minha forma humana, diante de uma grande cruz e coberta por um véu.

Senti necessidade de contar para alguém essa visão e os fatos ocorridos em minha vida desde que acordei de madrugada para preencher a moldura dourada. Procurei Bel Cesar, que a partir de então me ajudou a seguir o *Dharma* e a me conhecer melhor.

As experiências foram muitas nesse período, mas poucas se comparam às oportunidades que tive de viajar mais de uma vez para Borobudur, na Indonésia, e mais ainda para Albagnano, no Norte da Itália, onde reside Lama Gangchen.

As viagens sempre me atraíram, como um chamado. As cidades onde piso não contêm simplesmente o passado. Elas o revelam na intimidade de cada jardim, nas marcas de cada muro, em cada ponte para o futuro ou para dentro de mim.

A oriental, 2012. Foto de Nani.

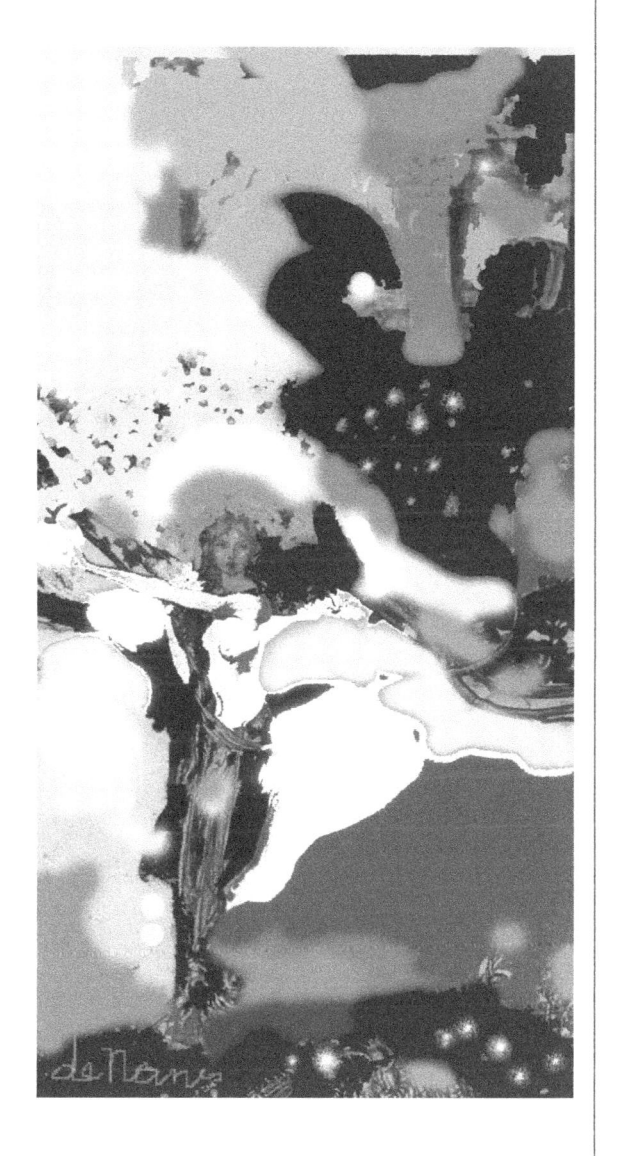

A árvore da vida líquida, 2009. Pintura digital, 90 x 70 cm, de Nani.

Saraswati, 2014. *Thangka* pintada sobre tela, 125 x 157 cm. Leonardo Duccio Ceglie. Foto de Gabriel Matarazzo.

O PINTOR DE LAMA GANGCHEN

No início de 2013 viajei para Borobudur com minha filha Isabel. Assim que chegamos, fomos para o hotel onde Lama Gangchen costuma se hospedar. Perguntei por ele e me disseram que estava dando ensinamentos no *gompa*, como chamamos a sala de meditação, montada numa das dependências do hotel.

A primeira pessoa que vi, através da porta aberta, foi um homem magro e elegante de camiseta amarelo-açafrão, cor dos detalhes das vestes dos monges *guelugpa*, a linhagem do nosso guru. Estava numa cadeira, distante das outras pessoas, reunidas na frente do trono. Logo que percebeu minha presença, ele se levantou e veio em minha direção. Mal tive tempo de tirar os sapatos. Como se já nos conhecêssemos, ele me abraçou fortemente por um longo tempo. Senti-me acolhida, à vontade. Isabel comentou:

— Vocês são bem amigos, hein?

— É a primeira vez que nos vemos — eu disse.

Logo veio a explicação:

— Mas eu te reconheci. Somos amigos no Facebook. Sou Leonardo Ceglie, o Duccio, o pintor de Lama Gangchen.

— Eu sei — disse com um certo charme, disfarçando o quanto esperei por aquele momento. Finalmente estava frente a frente com o pintor que tantas vezes Rinpoche tentou me apresentar.

Duccio me pegou pela mão e disse:

— Vamos juntos falar com Lama Gangchen.

Mas não foi possível, ele já havia se retirado.

— Lá está Lama Michel, vamos cumprimentá-lo — sugeri, sem saber muito bem o que falaríamos para ele.

Quando nos aproximamos do nosso jovem Lama, pude perceber a intimidade que havia entre ele e Duccio, que o conheceu desde pequenino e acompanhou sua história. De mãos dadas comigo, Duccio perguntou a Lama Michel:

— Por que nunca me apresentaram a Nani?

Senti uma certa inibição, não esperava uma recepção tão calorosa. Ao mesmo tempo, queria explodir de alegria pelo interesse demonstrado por mim. O fato é que Duccio e eu sentimos, de imediato, uma forte ligação. Atemporal, talvez. E nos tornamos amigos. Como sempre, Lama Gangchen tinha razão.

A pintura de Duccio é sua prática religiosa. Ele sempre acompanha Lama Gangchen e está presente nas viagens, pintando alguma *thangka* no fundo do *gompa* durante as meditações. Mais tarde, pedi-lhe que pintasse para mim uma *thangka* de Saraswati, a divindade protetora das artes. Chegaria para mim cheia de preces e bênçãos.

Três anos depois viajei até Albagnano para tomar aulas com ele. Como em meu trabalho o gesto é espontâneo, fiquei bastante apreensiva. Na arte tibetana, as medidas geométricas são exatas, o tamanho das imagens é preciso e as cores têm valor simbólico, como ensinam os antigos manuscritos. Tudo era novo para mim. Mas ao me aproximar de sua casa, onde fica o ateliê, percebi de longe o som do saxofone de John Coltrane e me senti mais à vontade. É o que ouço muitas vezes quando estou pintando.

Após alguns dias de aula, contei-lhe minha ligação com Veronese e Bella Nani e o caminho que percorri em busca do mestre. E também que Rinpoche disse que ele era o pintor que eu tanto buscava. Foi então que Duccio me disse:

— Se fui seu marido em outra vida, vou te ajudar nesta aqui.

Tara, 2015. *Thangka* pintada sobre tela, 127 x 160 cm. Leonardo Duccio Ceglie. Foto de Gabriel Matarazzo.

O Protetor da paz interior e da paz mundial Dorje Shugden. Pintado pelo famoso pintor budista, Leonardo Duccio Ceglie, que há trinta anos se dedica a essa arte, 2016. Kuala Lumpur, Malásia. Foto de Alen Kok.

Lama Michel e Lama Gangchen em Borobudur, 2012.
Foto de arquivo – Albagnano Healing Meditation Centre.

NA ESTUPA DE BOROBUDUR

Borobudur é o maior monumento budista do mundo, construído com pedras vulcânicas na ilha de Java, no século VIII. Trata-se de uma estupa, pois representa a mente sagrada de Buddha. Com a invasão da Indonésia por povos de outras religiões, seus adoradores cobriram-na com areia e argila, a fim de protegê-la de qualquer destruição. Mais tarde, ficou completamente escondida no meio da floresta. Redescoberta por arqueólogos em 1814, na época da colonização britânica, só foi reconstruída na década de 1970 com a ajuda da Unesco. Por isso é considerada um monumento para a paz e a segurança mundial.

Viajantes de vários países do mundo visitam Borobudur todos os anos. No meu grupo, em 2013, quase todos eram discípulos de Lama Gangchen, na maioria italianos. Do hotel até lá, tivemos que andar bastante. Ao redor da estupa, a caminhada foi ainda maior. Subimos pelas galerias, onde há pedras esculpidas com imagens sagradas, entre elas muitas divindades Vajrayana e outras que ilustram a jornada de Siddhartha Gautama ao longo de muitas vidas até a iluminação, sob a árvore Bodhi, na Índia. Há estátuas de Buddha dentro de estupas menores em todo o percurso. Só no topo há 72, em torno de uma central.

Ao circundar Borobudur, senti como se estivesse dentro de um grande relógio. Enquanto subia, no sentido horário, eu me direcionava ao futuro. No topo estava no tempo presente. Ao descer, no sentido anti-horário, vivia o passado.

Ao chegar ao topo, baixamos a cabeça, em sinal de reverência, e encostamos a testa sobre a base de pedra da estupa central, para receber as bênçãos de um lugar tão sagrado. E quem estava ao meu lado? Lama Michel, nosso jovem e sábio guru. As bênçãos se multiplicaram com a presença dele.

Lama Michel Rinpoche no Tibete, 2006. Foto de Ara Tokatyan.

Sino 1987 em Albagnano, 2016. Foto de Nani.

"Possa o grande som (tambor) do *Dharma*
Eliminar o sofrimento dos seres sencientes
Possa sustentar o significado do *Dharma*
Por inconcebíveis eras que virão."

HOJE MESMO!

Ainda em 2013 viajei novamente com Isabel, dessa vez para o Albagnano Healing Meditation Centre, um centro de cura e meditação fundado por Lama Gangchen. É um lugar lindo, rodeado por bosques de pinheiros e castanheiras, com vista para o lago Maggiore, no Norte da Itália. Albagnano é a residência oficial de Lama Gangchen, que vive lá desde 1999, com uma comunidade que se dedica aos ensinamentos de Buddha e deseja viver em harmonia com a natureza. Eu precisava estar perto do mestre, sentir seu amor, inexplicável em palavras. Ao seu lado, meu coração se aquece e sinto-me renovada, como se nada mais faltasse. Também queria reencontrar Duccio e ver como estava a pintura de Saraswati.

Já haviam se passado dezesseis anos desde que encontrei a efígie de Marco Polo em Veneza. Na época, Lama Gangchen viu minhas anotações num papel, mas não a imagem. A ideia de ir a Veneza para fotografá-la não me saía da cabeça.

Contei a Lama Gangchen que iria até Milão, para me distrair um pouco e passear com Isabel, que não conhecia a cidade.

— Também vou a Milão. Venha comigo e Carlotta em meu carro.

Na estrada, após preces e mantras, ele me perguntou:

— Por que não leva sua filha para conhecer Veneza?

Parecia ler meu pensamento. Respondi:

— Boa ideia, Lama. Outro dia irei.

— Hoje mesmo! — ele disse.

Fiquei admirada:

— Como, Rinpoche?

Ao chegar em Milão, Lama Gangchen foi bem claro:

— Pode levar Isabel para conhecer a cidade. Nos encontramos no meu Centro, na Via Marco Polo, às cinco e meia da tarde.

Fiquei parada, olhando para ele.

— *Go, go!* — disse, com seu jeito alegre de sempre.

Quando o relógio marcou quatro e meia, eu disse a Isabel:

— Temos que voltar já! Ele está à nossa espera, tenho certeza.

Andamos rápido até o Kunpen Lama Gangchen, como se chama o centro budista de Milão. Rinpoche estava no *gompa*, rezando com três monges. Logo perguntou:

— Decidiu ir a Veneza?

— Mas não temos roupa! — adiantou-se Isabel.

Fui rápida:

— Temos, sim! A roupa do corpo, os celulares e nosso cartão!

Lama Gangchen riu e tratou de pedir logo a Carlotta que reservasse um hotel para nós. Foi tudo tão rápido que, quando me dei conta, já estávamos dentro do trem para Veneza.

Lama Gangchen Rinpoche no *gompa*, 2016.
Foto de arquivo – Albagnano Healing Meditation Centre.

Gôndola, 2016. Foto de Nani.

VENEZA

À noite chegamos em Veneza, cenário de inúmeros filmes. Depois que o sol se põe, a cidade torna-se misteriosa, encantada. Suas pequenas ilhas, pontes, canais e recantos quase imperceptíveis desafiam a imaginação. Tudo é arte em Veneza. Melhor seria se tivéssemos mais tempo para ficar por lá. Mesmo assim eu me sentia feliz. Afinal, estava em companhia de Isabel.

No barco para o hotel, ficamos hipnotizadas pelas luzes da cidade refletidas nas águas. Do nosso quarto, a vista era deslumbrante. Por um instante, a nostalgia de um passado singular apossou-se de mim.

— Vamos dormir! — disse a Isabel. — Temos só um dia para encontrar e fotografar o que preciso.

Acordei com o movimento do quarto, como se estivesse num navio.

— Isabel, acorde! Tem algo errado!

— O que foi, mãe?

— Sinta! Não percebe que tudo está se mexendo?

— É mesmo, e agora?

Saímos logo do quarto em direção ao elevador. Interditado! Descemos as escadas até o primeiro andar. Tudo alagado! As cadeiras boiavam. Parecia o *Titanic*. Talvez com um pouco de exagero de minha parte, confesso. Mas inacreditável! A calma e a gentileza das pessoas do hotel nos tranquilizaram.

— Não se preocupem — disseram. — Isso costuma acontecer nesta estação do ano.

Todos nos atenderam na recepção como se nada de estranho ocorresse, mesmo com a água quase alcançando a bancada da recepção. Os porteiros, com galochas, pareciam não se incomodar com a água que molhava parte de seus uniformes.

— As senhoras podem tomar o café da manhã no andar de cima ou, se preferirem, no quarto.

Voltamos para o quarto, mais conformadas, e recomeçamos o dia no banheiro inesquecível do Hotel Danielle. De rainha, eu diria.

Isabel conheceu Veneza com metade dentro d'água! Foi uma aventura chegar ao Museu Correr. Atravessamos pontes improvisadas para chegar à praça San Marco, alagada também. Por sorte, conseguimos entrar no museu. Mas a efígie não estava mais lá!

— Não é possível! — exclamei. — Ela estava aqui há seis anos. Eu a vi.

— Ela quem, mãe?

— Uma estátua, a efígie!

— Mãe, você está delirando. Deve ter se enganado.

Não tinha falado da efígie para Isabel até aquele momento e expliquei-lhe rapidamente o quanto era importante encontrá-la. Perguntamos para várias pessoas dentro do museu e... nada! Nenhuma informação. Caminhei até a recepção, onde encontrei duas pessoas: a moça que vende os livros do museu e uma recepcionista. Expliquei-lhes por que estava lá, que a efígie tinha sumido, e elas disseram não saber do que se tratava. Quando a descrevi e contei que pertencera ao navegador Marco Polo, uma delas exclamou:

— Já sei! É o nosso protetorzinho, o *Portafortuna*!

— Isso mesmo! — afirmei.

— Que pena! Não está mais aqui, foi para o restauro — informou.

— Não! Não é possível!

Resolvi então voltar para o local onde o vi pela primeira vez, como se não acreditasse no que estava acontecendo.

Continuei andando e me deparei com um trabalho incrível. Um artista, do qual não me recordo o nome, criou uma instalação com várias gaiolas. Dentro delas, um celular ou um computador. Só aí me dei conta de que haviam se passado dezesseis anos, de que o tempo era outro, um tempo em que vivemos reclusos nas celas da tecnologia.

Nesse momento, um guia veio em minha direção e perguntou o que eu estava procurando.

— O *Portafortuna* de Marco Polo — respondi.

— Sinto muito, a efígie não está mais aqui. Acho que foi vendida para uns chineses. Parece que saiu do museu.

Fiquei desesperada. Rapidamente pedi:

— Por favor, o senhor pode testemunhar que ela esteve aqui?

— Sim, claro.

Chamei Isabel para gravar as palavras do guia, que confirmavam a existência da efígie. Uma prova, que alívio! Além disso, Isabel viu que eu não estava delirando.

— Não vou desistir de encontrá-la. Quem sabe o guia está errado. E se as moças estiverem certas? E se estiver no restauro?

— Vamos perguntar onde é esse restauro — propôs Isabel.

Ficava do outro lado da praça! Como faríamos para ir até lá com tudo alagado? Mas conseguimos, dando uma volta enorme. Na secretaria do restauro, tivemos dificuldade para ser atendidas. Até que Isabel tentou se impor:

— Quero comprar a efígie de Marco Polo.

— Não há como comprar obras do museu — respondeu a gerente.

Nesse momento, uma pessoa do arquivo fotográfico veio em nossa direção e perguntou:

— Estão precisando de ajuda?

— Sim — eu disse. — Preciso fotografar a efígie de Marco Polo.

— Isso não é possível, mas como trabalho no arquivo fotográfico posso procurar pela obra e enviar a imagem digitalizada por e-mail.

— Está bem — concordei decepcionada, depois de tanto esforço. As águas haviam subido ainda mais. Por pouco não pudemos entrar na outra parte do museu. Então falei:

— Isabel, eu não sairia de Veneza sem mostrar a você as pinturas de Veronese.

Isabel ficou impressionada com os afrescos e a importância do mestre renascentista. Suas pinturas permaneciam intactas nas paredes e no teto do museu. Pude reconhecer várias delas e a presença de Bella Nani. Agradeci.

Lama Gangchen Rinpoche, 2016.
Foto de arquivo – Albagnano Healing Meditation Centre.

Ambito cinese sec. XIX, *Effigie di Marco Polo*, Venezia, Museo Correr. inv. Cl. XIX n.0172
Copia dell'idolo venerato nel tempio dei Cinquecento Genii a Canton ritenuto
l'effigie di Marco Polo.
Créditos da foto: 2016 © Photo Archive – Fondazione Musei Civici di Venezia.

O PROTETOR DO *DHARMA*

Voltei à noite para Albagnano. Tentei dormir, não consegui. Estava ansiosa para encontrar Lama Gangchen e contar-lhe que não fotografei a efígie. Olhei pela janela, só escuridão. Lá fora não havia ninguém e fazia muito frio. Criei coragem, vesti um casacão e saí.

Olhei no celular. Eram 22h22. Pensei em ir até a casa de Lama Gangchen. Muito tarde para chegar lá sem avisar. Meu voo para o Brasil estava marcado para o dia seguinte e talvez não o encontrasse mais. "Vai ser agora", disse a mim mesma. "Ele tem que aparecer."

De repente, no silêncio da noite, ouvi passos sobre os pedregulhos do jardim. "Quem pode ser a esta hora?", pensei. Permaneci observando, atenta, mas as brumas dificultavam a visão. Os passos foram se aproximando, revelando-se através da neblina. Reconheci as botas e o andar inconfundível de Lama Gangchen. Dois monges, um de cada lado, seguravam suas mãos, com os braços dobrados. Um costume bem tibetano. Espontânea, exclamei:

— Sabia que viria, Rinpoche! Sabe, estou frustrada. Não consegui fotografar o *Portafortuna*. Mas não vou desistir. Hei de conseguir a imagem do protetor de Marco Polo.

Ele me olhou, pensativo, e perguntou:

— Sabe que temos um protetor aqui?

— Não, não sabia — respondi.

— Venha, vamos entrar — disse ele.

Entramos. Lama Gangchen pediu que eu me sentasse com ele e os monges diante de um altar onde estava, entre outras divindades, o protetor do *Dharma*, com sua espada erguida, num gesto semelhante ao de Manjushri, o Buddha da Sabedoria, para nos livrar da ignorância e nos proteger de todos os obstáculos ao caminho espiritual. Eles rezaram em tibetano por muito tempo. Perdi a noção da hora.

Eu me senti totalmente protegida e abençoada. Foi uma das experiências mais gratificantes da minha vida. Poderia viajar e enfrentar o correr dos dias fortalecida e em paz. Mais preparada para prosseguir em minha longa jornada.

Lama Gangchen Rinpoche com Nani no Reiki, 2015. Foto de Bel Cesar.

O terraço, 2016. Foto de Nani.

A MANDALA DE NAMGYÄLMA

Em 2016 voltei para Albagnano. Precisava ver Lama Gangchen e mostrar-lhe pessoalmente a foto da efígie. Com sua bênção e a ajuda de Duccio, consegui finalmente obter a imagem do arquivo fotográfico da Fondazione Musei Civici di Venezia. Tê-la em mãos havia se tornado uma verdadeira missão, uma tarefa que envolveu persistência e uma confiança inabalável. Entregá-la ao mestre era o mesmo que receber um presente divino. Percebi que ficou mais feliz pelo meu esforço, por eu ter permanecido firme em meu propósito.

Fui recompensada. Por meio de Lama Gangchen, recebi a mandala de Namgyälma, cujo nome em sânscrito é Ushnisha Vijaya. Namgyälma é uma das três divindades de longa vida do budismo tibetano, juntamente com Tara Branca e Buddha Amitayus. É considerada a perfeição da sabedoria e a mãe de todos os Buddhas. Representa também a vitória sobre os obstáculos para uma longa vida significativa, condição fundamental para a acumulação de méritos.

Na manhã seguinte, abri a janela do terraço do meu quarto, que dava para o jardim. Lá estavam Franco e Lama Gangchen. Eles logo me cumprimentaram:

— *Buongiorno!*

O lago, 2016. Foto e pintura digital, 70 x 90 cm, de Nani.

Apontando para a minha sacada, Lama Gangchen gentilmente dirigiu-se a Alaor, residente do Centro, dizendo:

— Aproveite para tirar as folhas secas daquela janela.

Olhei demoradamente para os dois e senti uma imensa ternura. Estavam como os vi, anos antes, no *puja* de fogo em Bagni di Lucca, dentro da moldura dourada de Veronese. A união dessas duas almas parecia transcender o tempo e o espaço. Senti uma segurança inexplicável. "Parece que estou vendo Marco Polo e seu protetor", pensei.

Carinhosamente, Lama Gangchen me chamou para almoçar em sua casa. Caminhamos até lá, recitando mantras. Não há um só momento em que Rinpoche não esteja praticando os ensinamentos de Buddha.

Não conversamos muito, nem foi preciso. Só por estar em sua presença e contemplar seus olhos, quanto compreendi! Em silêncio, agradeci por tê-lo encontrado e por nossa forte conexão. Por fim, ele me acompanhou até a porta. Eu ia voltar para o Brasil.

Tomei o caminho que me levaria ao local onde estava hospedada. Parei para me despedir da paisagem. Um vento me tocou, trazendo um papelzinho dobrado, que bateu no meu ombro e caiu diante de meus pés. Peguei-o do chão e, pensativa, contemplei o lago. Fixei os olhos no horizonte, para guardar a experiência daquele momento de total e absoluta felicidade.

Um grande arco-íris formou-se no céu, e a entrada de uma mandala se abriu. Era a mandala de Namgyälma! Abri o pequeno papel e lá estava escrito...

To be continued...

GLOSSÁRIO

Amitayus Uma das divindades de longa vida do budismo tibetano.

Chakras Centros de energia vital do nosso corpo sutil.

Buddha O desperto. Um ser totalmente iluminado. Aquele que eliminou todas as obstruções mentais e desenvolveu todas as boas qualidades, até a perfeição.

Buddha Shakyamuni O quarto Buddha da nossa era, que revelou os ensinamentos do *Dharma* ainda hoje existentes no mundo.

Dharma Os ensinamentos de Buddha Shakyamuni, que proporcionam o desenvolvimento espiritual para o cessamento de todo sofrimento e o alcance da verdadeira felicidade.

Gompa Na prática vajrayana do budismo tibetano, local onde a divindade é visualizada pelo praticante. No sentido amplo significa "monastério, templo, santuário". Nos centros budistas do Ocidente, sala de meditação.

Guru Ver *Lama*.

Iluminação Libertação completa das delusões e suas marcas mentais. Desenvolvimento das qualidades da mente ao máximo de seu potencial.

Karma Palavra que vem do sânscrito e significa "ação". Na relação entre causa e efeito, as ações positivas produzem felicidade, e as ações negativas, sofrimento.

Kata Echarpe, geralmente de seda branca, oferecida como forma honrosa de agradecimento. Os tibetanos oferecem a *kata* no lugar de uma guirlanda de flores.

Lama Palavra tibetana para "mestre espiritual". "Guru", em sânscrito.

Lama Caroline Nasceu na Inglaterra em 1965. De 1986 a 1991, foi discípula de Geshe Kelsang Gyatso, um renomado professor de budismo tibetano. Em 1991, conheceu Lama Gangchen Rinpoche e ficou impressionada com a sua forma aberta de transmitir os ensinamentos de Buddha Shakyamuni. Dele recebeu o título de professora de Filosofia Budista e o nome de Lama Dorje Khanyen Lhamo, que significa "a divindade que aprende e transmite as palavras de Buddha".

Lama Gangchen Rinpoche Lama Gangchen Rinpoche Nasceu no Tibete, em 1941. Aos três anos de idade foi reconhecido como a reencarnação do grande iogue Panchen Zangpo Tashi, detentor de uma antiga e ininterrupta linhagem de Lamas curadores e mestres tântricos. Foi entronizado no monastério de Gangchen Choepeling. Estudou em universidades monásticas no Tibete e na Índia e recebeu o título de Gueshe, que corresponde ao doutorado no Ocidente. Visitou a Europa pela primeira vez em 1981, e o Brasil em 1987. Trabalha incansavelmente pela paz mundial e pela cura do meio ambiente.

Lama Marco Polo O termo é usado como uma analogia ao navegador Marco Polo, que trouxe para este lado do mundo as preciosidades do Oriente.

Lama Michel Rinpoche Nasceu em 1981, em São Paulo, Brasil. Logo cedo foi reconhecido como um *tulku*, a reencarnação de um mestre budista tibetano. Outros grandes Lamas confirmaram que ele é a reencarnação de Drubchok Gyawal Sandrup, grande iogue e mestre tântrico da tradição Guelupa. Aos doze anos decidiu ir para a universidade monástica de Sera Me, onde completou seus estudos.

Mala Cordão, geralmente composto por 108 contas, utilizado para a recitação de mantras e em rituais.

Mahayana Palavra do sânscrito que significa "grande veículo". Escola do budismo tibetano que tem como finalidade atingir a iluminação para beneficiar todos os seres.

Mandala Diagrama circular simbólico de todo o Universo. Morada de uma divindade de meditação.

Manjushri Buddha da Sabedoria, divindade masculina de meditação que incorpora a sabedoria plenamente iluminada.

Mantra Literalmente, "proteção da mente". Os mantras são sílabas recitadas juntamente com a prática de uma divindade.

Mudra Literalmente, selo. Gesto simbólico com as mãos, dotado de poder como um mantra.

Namgyälma Uma das três principais divindades de longa vida da tradição Ganden Ninghiu. Namgyälma se manifesta em uma estupa especial de longa vida que representa a mente de seres iluminados.

Portafortuna Palavra italiana que significa "objeto de sorte" ou "proteção".

Puja Palavra sânscrita que significa "oferenda". Refere-se também a certos rituais.

Rinpoche Significa "precioso", em tibetano. Título dado aos mestres que são reconhecidos como Lamas reencarnados e possuem grandes realizações espirituais.

Siddhartha Gautama Príncipe que nasceu no século VI a.C. em Lumbini, atualmente Nepal. Aos 29 anos saiu do seu palácio, viu os sofrimentos do mundo e dedicou-se ao ascetismo e à prática meditativa, até atingir a iluminação. É o Buddha Shakyamuni.

Saraswati Divindade protetora das artes.

Tantra Também chamado de "mantra secreto", refere-se aos ensinamentos que revelam métodos para treinar a mente com o objetivo de trazer o resultado futuro, a budeidade, para o caminho atual. É o caminho supremo à iluminação.

Tara Branca Uma das divindades de longa vida do budismo tibetano.

Thangka Pintura tibetana sobre seda ou algodão. Há ainda uma técnica que utiliza pedaços de tecidos costurados para formar imagens sagradas.

Vajrayana Do sânscrito, "veículo de diamante". É também chamado de "caminho tântrico". Integra um conjunto de práticas avançadas do budismo Mahayana.

ÍNDICE DAS IMAGENS

PÁGINA 14
A moldura dourada, c. 1555. Moldura de Adorazione dei Magi, de Paolo Veronese, madeira e gesso folheado a ouro, 176 x 222 cm. Foto de Gabriel Matarazzo.

PÁGINA 19
Instalação na moldura, 1987. Técnica mista, roupas e tecidos de seda e algodão pintados à mão, 147 x 191 cm, de Nani.

PÁGINA 20
O cavalo e o cocheiro, detalhe de Adorazione dei Magi, c. 1555. Óleo sobre tela, 147 x 191 cm, Paolo Veronese.

PÁGINA 22
A boneca, 2012. Foto e pintura digital, 90 x 70 cm, de Nani.

PÁGINA 28
Vida no céu, 2015. Foto e pintura digital, de Nani.

PÁGINA 32
Entrada para a mente, 2010. Foto e pintura digital, 90 x 70 cm, de Nani.

PÁGINA 34
Revelação em NY, 2010. Foto e pintura digital, 45 x 60 cm, de Nani.

PÁGINA 41
Bella Nani 1555, 2009. Foto e pintura digital, 90 x 70 cm, de Nani.

PÁGINA 42
Bolhas e o brinde a Ladakh, 2010. Foto, 60 x 45 cm, de Nani.

PÁGINA 49
A onda – abstrato, 2015. Técnica mista sobre tela, 96 x 175 cm, de Nani.

PÁGINA 50
Ninho e o cavalete, 2015. Foto, 60 x 45 cm, de Nani.

PÁGINA 53
A rosa e o lodo, 2011. Foto e pintura digital, 60 x 45 cm, de Nani.

PÁGINA 57
Mestre ascenso Paulo Veneziano, 1996. Foto de Nani.

PÁGINA 58
Círculos de luz dentro do Louvre, 2011. Foto e pintura digital, 45 x 60 cm, de Nani.

PÁGINA 63
Nuvens, 2016. Foto de Nani.

PÁGINA 67
Lama Gangchen no Reiki, 2015. Foto de Bel Cesar.

PÁGINA 68
Casa em movimento, 2010. Foto e pintura digital, 70 x 90 cm, de Nani.

PÁGINA 71
Máscara branca, 1994. *Transfer* sobre papel, de Nani.

PÁGINA 72
A flor se restaurando, 2016. Foto e pintura digital, 90 x 70 cm, de Nani.

PÁGINA 77
Lama Gangchen e Lama Caroline, 2015. Foto de Nani.

PÁGINA 78
Lama Gangchen e Nani, 1997.
Foto de arquivo – Centro de Dharma da Paz Shi De Tchö Tsog.

PÁGINA 81
Buddhas, 2016. Foto de Nani.

PÁGINA 82
Amor livre, 2010. Foto e pintura digital, 23 x 32 cm, de Nani.

PÁGINA 85
No passado, 2015. Foto de Nani.

PÁGINA 90
Ambito cinese sec. XIX, *Effigie di Marco Polo*, Venezia, Museo Correr. inv. Cl. XIX n.0172
Copia dell'idolo venerato nel tempio dei Cinquecento Genii a Canton ritenuto l'effigie di Marco Polo.
Crédito da foto: 2016 © Photo Archive – Fondazione Musei Civici di Venezia.

PÁGINA 93
Lama Gangchen Rinpoche. Foto de Francesco Prevosti.

PÁGINA 94
Árvore da vida 2, 2012. Pintura digital, 90 x 70 cm, de Nani.

PÁGINA 103
A foto da Villa Torrigiani, 1999. Detalhe da pintura sobre *transfer* no linho, 95 x 33 cm, de Nani. Foto de Gabriel Matarazzo.

PÁGINA 104
Oferenda, 2016. Foto e pintura digital, 60 x 45 cm, de Nani.

PÁGINA 107
Mãe Lua e a Terra, 1999. Técnica mista e *transfer* sobre tela, 155 x 130 cm, de Nani.

PÁGINA 108
Lama Gangchen. Foto de Francesco Prevosti.
Lama Michel e Bel Cesar, 2015. Foto de Fernanda Lenz.

PÁGINA 112
A oriental, 2012. Foto de Nani.

PÁGINA 113
A árvore da vida líquida, 2009. Pintura digital, 90 x 70 cm, de Nani.

PÁGINA 114
Saraswati, 2014. *Thangka* pintada sobre tela, 125 x 157 cm. Leonardo Duccio Ceglie. Foto de Gabriel Matarazzo.

PÁGINA 118
Tara, 2015. *Thangka* pintada sobre tela, 127 x 160 cm. Leonardo Duccio Ceglie. Foto de Gabriel Matarazzo.

PÁGINA 119
O Protetor da paz interior e da paz mundial Dorje Shugden. Pintado pelo famoso pintor budista, Leonardo Duccio Ceglie, que há trinta anos se dedica a essa arte, 2016. Kuala Lumpur, Malásia. Foto de Alen Kok.

PÁGINA 120
Lama Michel e Lama Gangchen em Borobudur, 2012.
Foto de arquivo – Albagnano Healing Meditation Centre.

PÁGINA 123
Lama Michel Rinpoche no Tibete, 2006. Foto de Ara Tokatyan.

PÁGINA 124
Sino 1987 em Albagnano, 2016. Foto de Nani.

PÁGINA 127
Lama Gangchen Rinpoche no *gompa*, 2016.
Foto de arquivo – Albagnano Healing Meditation Centre.

PÁGINA 128
Gôndola, 2016. Foto de Nani.

PÁGINA 134
Lama Gangchen Rinpoche, 2016.
Foto de arquivo – Albagnano Healing Meditation Centre.

Ambito cinese sec. XIX, *Effigie di Marco Polo*, Venezia, Museo Correr. inv. Cl. XIX n.0172
Copia dell'idolo venerato nel tempio dei Cinquecento Genii a Canton ritenuto l'effigie di Marco Polo.
Crédito da foto: 2016 © Photo Archive – Fondazione Musei Civici di Venezia.

PÁGINA 137
Lama Gangchen Rinpoche com Nani no Reiki, 2015. Foto de Bel Cesar.

PÁGINA 138
O terraço, 2016. Foto de Nani.

PÁGINA 140
O lago, 2016. Foto e pintura digital, 70 x 90 cm, de Nani.

OBRAS CITADAS

L'opera completa del Veronese. Remígio Marini. Milano: Rizzoli Editore, 1968.

Lucca città d'Arte. Bologna: Edizioni Italcards.

Painting in Renaissance Venice. Peter Humfrey. New Haven: Yale University, 1995.

Senhores dos sete raios – vidas passadas. Brasília: Summit Lighthouse do Brasil, 1988. Coleção Espelho da Consciência, v. 1.

NGALSO
Western Buddhism

Ushnisha Vijaya
Namgyalma

OM NAMO BHAGAVATE / SARVA TRAILOKYA PRATIVISHISHTAYA / BUDDHAYA TE NAMA / TADYATHA / OM BHRUM BHRUM BHRUM SHODHAYA SHODHAYA / VISHODHAYA VISHODHAYA / ASAMA SAMANTA / AVABHA SPHARANA GATI / GAGANA SVABHAVA VISHUDDHE / ABHIKSHINCHANTU MAM / SARVA TATHAGATA / SUGATA VARA VACHANA AMRITA ABHISHEKERA / MAHAMUDRA MANTRA PADAIH / AHARA AHARA / MAMA AYUS SANDHARANI / SHODHAYA SHODHAYA / VISHODHAYA VISHODHAYA / GAGANA SVABHAVA VISHUDDHE / USHNISHA VIJAYA PARISHUDDHE / SAHASRA RASMI SANCHODITE / SARVA TATHAGATA AVALOKINI / SHAT PARAMITA PARIPURANI / SARVA TATHAGATA MATE / DASHA BHUMI PRATISHTHITE / SARVA TATHAGATA HRIDAYA / ADHISHTHANA ADHISHTHITE / MUDRE MUDRE MAHAMUDRE / VAJRA KAYA SAMHATANA PARISHUDDHE / SARVA KARMA AVARANA VISHUDDHE / PRATINIVARTAYA MAMA AYUR / VISHUDDHE SARVA TATHAGATA SAMAYA ADHISHTHANA ADHISHTHITE / OM MUNI MUNI MAHA MUNI / VIMUNI VIMUNI MAHA VIMUNI / MATI MATI MAHA MATI / MAMATI SUMATI / TATHATA / BHUTAKOTI PARISHUDDHE / VISPHUTA BUDDHI SHUDDHE / HE HE JAYA JAYA / VIJAYA VIJAYA / SMARA SMARA / SPHARA SPHARA / SPHARAYA SPHARAYA / SARVA BUDDHA ADHISHTHANA ADHISHTHITE / SHUDDHE SHUDDHE / BUDDHE BUDDHE / VAJRE VAJRE MAHA VAJRE SUVAJRE / VAJRA GARBHE JAYA GARBHE / VIJAYA GARBHE / VAJRA JVALA GARBHE / VAJRODBHAVE VAJRA SAMBHAVE / VAJRE VAJRINI / VAJRAM BHAVANTU MAMA SHARIRAM / SARVA SATTVANAN CHHA / KAYA PARISHUDDHIR BHAVANTU / ME SADA SARVA GATI PARISHUDDHI SHCHHA / SARVA TATHAGATA SHCHHA / MAM SAMAS VASAYANTU / BUDDHYA BUDDHYA / SIDDHYA SIDDHYA / BODHAYA BODHAYA VIBODHAYA VIBODHAYA / MOCHAYA MOCHAYA / VIMOCHAYA VIMOCHAYA / SHODHAYA SHODHAYA VISHODHAYA VISHODHAYA / SAMANTENA MOCHAYA MOCHAYA / SAMANTA RASMI PARISHUDDHE / SARVA TATHAGATA HRIDAYA / ADHISHTHANA ADHISHTHITE / MUDRE MUDRE MAHA MUDRE / MAHA MUDRA MANTRA PADAIH SVAHA

KUNPEN LAMA GANGCHEN
INSTITUTE FOR THE STUDY AND DISSEMINATION OF VAJRAYANA BUDDHISM IN THE WEST
Affiliated with the Italian Buddhist Union

kunpen.ngalso.net   ahmc.ngalso.net

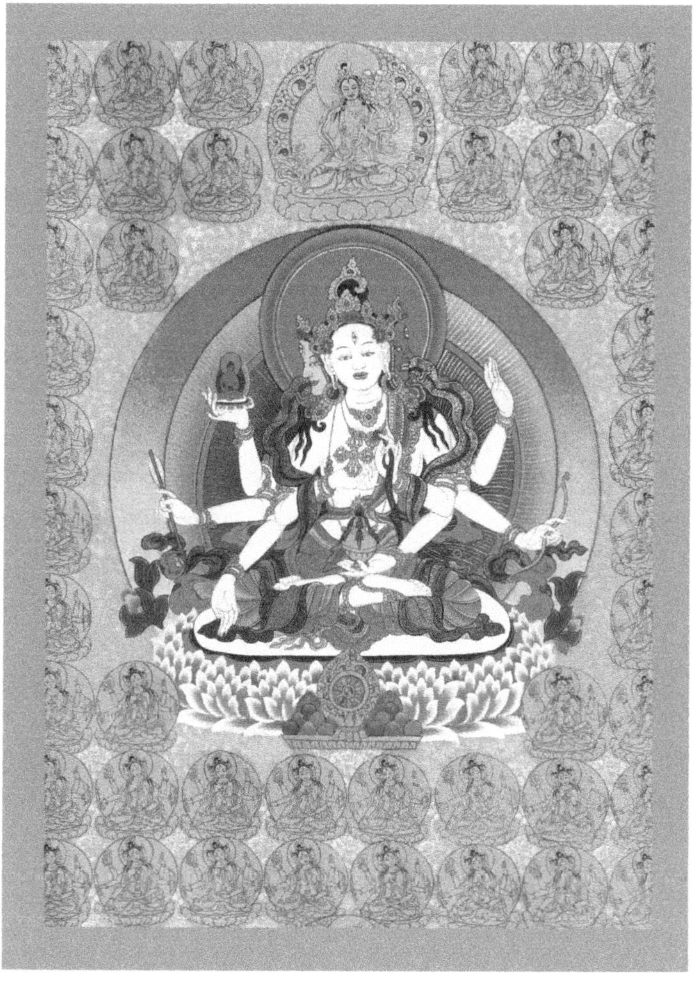

CONHEÇA OUTROS TÍTULOS PUBLICADOS PELA GAIA

Grande Amor
Bel Cesar
384 páginas
ISBN: 978-85-7555-455-5

Mania de sofrer
Bel Cesar
304 páginas
ISBN: 85-7555-115-9

Atenção plena em linguagem simples
Bhante Henepola Gunaratana
153 páginas
ISBN: 978-85-7555-450-0

O livro das emoções
Bel Cesar
304 páginas
ISBN: 85-7555-035-7

O sutil desequilíbrio do estresse
Bel Cesar
304 páginas
ISBN: 978-85-7555-257-5

Oito passos atentos para a felicidade
Bhante Henepola Gunaratana
288 páginas
ISBN: 978-85-7555-418-0